Bärbel Wardetzki
Nimm's bitte nicht persönlich

Bärbel Wardetzki

Nimm's bitte nicht persönlich

Der gelassene Umgang mit Kränkungen

Kösel

Dieses Buch erschien 2003 unter dem Titel
»Erste Hilfe für die Seele. So schützen Sie sich gegen Kränkungen«.
Die hier vorliegende Ausgabe wurde vollständig überarbeitet,
erweitert und aktualisiert.

Verlagsgruppe Random House FSC® N001967
Das für dieses Buch verwendete FSC®-zertifizierte Papier
Fine 100 liefert Kymmene Augsburg, Deutschland.

6. Auflage 2014
Copyright © 2012 Kösel-Verlag, München,
in der Verlagsgruppe Random House GmbH
Umschlag: Weiss Werkstatt, München
Umschlagmotiv: plainpicture
Satz und Herstellung: Martin Hofer, München
Druck und Bindung: GGP Media GmbH, Pößneck
Printed in Germany
ISBN 978-3-466-30970-2

www.koesel.de

Inhalt

Einleitung

»Nimm's bitte nicht persönlich« ist ein Buch, das Ihnen eine schnelle Orientierung bietet, wie Sie mit Kränkungen gelassener umgehen können. Anhand konkreter Beispiele werden eine Reihe wesentlicher Kränkungsthemen und -situationen aufgeführt, bei denen es im Alltag zu heftigen Verwicklungen bis hin zu handfesten oder sogar handgreiflichen Auseinandersetzungen kommen kann. Daher ist es so wichtig, diese Dynamik zu erkennen und zu verstehen, um konstruktive Lösungswege zu finden. Je mehr wir wissen, was uns kränkt, welche alten Wunden durch aktuelle Verletzungen aufgerissen werden und welche Möglichkeiten wir haben, sie zu schützen und zu heilen, umso weniger müssen wir unter Kränkungsgefühlen leiden. Denn in der Regel führen die Kränkungsgefühle wie Beleidigtsein, Trotz, Empörung, destruktive Wut und Verzweiflung nur zu einer Verschärfung des Konflikts, zu Beziehungsabbruch, Einsamkeit und Unfrieden, aber nicht zu einer Lösung.

Eingeteilt ist das Buch in vier Abschnitte: Der erste erklärt, was Kränkungen sind. Im zweiten geht es um die Situation des Gekränkten. Was fühlt er, wie reagiert er, was kann er in der aktuellen Situation tun? Im dritten Teil beschreibe ich das Kränkungsgeschehen aus der Sicht derer, die andere gekränkt haben, bzw. durch die sich andere gekränkt fühlen. Was veranlasst uns, andere Menschen zu entwerten, wie rutschen wir in Kränkungsfallen und wie kommen wir wieder raus? Der vierte Teil zeigt Lösungen auf für den gelasseneren Umgang mit Kränkungen. Er fasst alle wichtigen Schritte zusammen, die nötig sind, um Kränkungskonflikte zu beenden oder gar nicht erst entstehen zu lassen.

Danken möchte ich an dieser Stelle meiner Lektorin Dagmar Olzog, mit der die Zusammenarbeit so wunderbar leicht und konstruktiv verläuft. Sie ist getragen von gegenseitiger Verantwortung und daher wunderbar kränkungsfrei.

Ich wünsche mir, dass viele Leser und Leserinnen durch dieses Buch eine Hilfe für ihre konkreten Kränkungskonflikte bekommen und die Tipps und Vorschläge erfolgreich anwenden können.

Am Ende des Buches finden Sie einen kleinen Test, mit dem Sie erfahren, welcher Kränkungstyp Sie sind.

Wir haben es in der Hand, ob wir gekränkt reagieren oder ein Problem konstruktiv und ohne Beziehungsabbruch lösen.

Was ist eine Kränkung?

Im Teufelskreis des Gekränktseins

Was passiert bei Kränkungen?

Je länger ich mich mit dem Thema Kränkungen beschäftige, um so deutlicher wird mir deren weitreichende und häufig auch schicksalhafte Bedeutung für unser Leben. Ob gewollt oder ungewollt, ob bewusst oder unbewusst, wir kränken andere Menschen und werden immer wieder gekränkt.

Die Kränkungsdynamik zieht sich durch alle Lebensbereiche. Sie betrifft unsere Freundschafts- und Liebesbeziehungen, unsere Berufssituation, gesellschaftliche Ungleichheiten, weltpolitische Auseinandersetzungen und unser persönliches Wohlbefinden. Wo immer Missverständnisse, Konflikte, Leid, Hass, Gewalt und Zerstrittenheit auftreten, können wir damit rechnen, dass dahinter unaufgelöste Kränkungskonflikte stehen, die einer konstruktiven Auseinandersetzung im Wege stehen.

Gegenseitige Kränkungen und Gekränktheit können verheerende Folgen haben. Sie führen im schlimmsten Fall zu Kriegen und Mordtaten, häufig zum Abbruch einer Beziehung gefolgt von Rache und Zerstörungsgedanken. Innerlich sind wir getrieben von Hass und Wut auf den Gegner, von Unversöhnlichkeit, Bitterkeit und Ablehnung. Wir sind empört, wie jemand es wagt, auf eine so verletzende Weise mit uns umzugehen. Weiß unser Gegenüber denn nicht, wen er vor sich hat?

Was bleibt uns zu tun? Eine Möglichkeit ist, wir schlagen zurück, verbal oder handgreiflich. Von unserer Ohnmacht und Hilflosigkeit können wir uns aber durch Gewalt nicht befreien, auch nicht von dem Schmerz der erlebten Verachtung, Demütigung und Entwertung. Im Gegenteil. Oft sind wir umso gewalttätiger, je machtloser wir uns fühlen. Die Befriedigung der Vernichtung des »Gegners«, ihn k.o. am Boden zu sehen oder wenigstens ebenso verletzt zu haben wie wir es wurden, löst weder das zugrundeliegende Problem, noch heilt sie unsere Wunden. Die heilen wir aber auch nicht dadurch, dass wir uns deprimiert zurückziehen, uns in unser Leid vergraben, uns für minderwertig, schlecht, ablehnungswürdig und verloren definieren.

Wenn wir nichts tun, außer unsere Wunden zu lecken und in Selbstmitleid zu zerfließen, ändern wir gar nichts, da auch diese Haltung am Ende wieder Hassgefühle und Rachegedanken auf die produziert, die uns das angetan haben. Wir bleiben in Unfrieden mit den anderen und dadurch auch mit uns. Unfrieden führt jedoch automatisch wieder in den nächsten Konflikt und damit in die nächste Kränkungssituation. Denn wenn wir mit uns und den anderen nicht in Frieden sind, signalisieren wir Ablehnung und Aggression und ernten zwangsläufig dasselbe. Ein Teufelskreis, der in einer Spirale der Gewalt enden kann.

Ein aktueller Beziehungskonflikt ist oft das Ergebnis einer langen Kette gegenseitiger Kränkungen, die sich beispielsweise im Laufe einer Partnerschaft oder Ehe angesammelt haben und mit Trennung oder Scheidung enden. Oft liegt die zentrale Kränkung schon lange zurück. Die Beispiele sind vielfältig:

Der Partner hat nie ausdrücklich um ihre Hand angehalten, was sie bis heute nicht verschmerzt hat. Sie wollte nie Kinder mit ihm, was er als Abwertung seiner Person interpretierte. Er ging fremd und verletzte dadurch ihr Vertrauen. Sie fuhr allein in Urlaub, als er in einer beruflichen Krise war, wodurch er sich von ihr fallengelassen fühlte. Werden diese und andere Kränkungen nicht angesprochen und die emotionalen Folgen nicht mitgeteilt, kann dies zur Trennung oder Gewalt gegen den Partner / die Partnerin führen. Nicht umsonst liegt die Tötungsrate von Ehepartnern, die sich trennen wollen, bei ca. 250 Fällen im Jahr.[*]

Daher ist es so wichtig, die Kränkungsdynamik besser zu verstehen. Wenn wir erkennen, welche Prozesse in uns selbst ablaufen und was unser Gegenüber bewegt, kränkend mit uns umzugehen, schaffen wir die Voraussetzung, diesen Konflikt zu lösen oder wenigstens abzuschwächen.

* Laut Daten des Kriminologischen Forschungsinstituts von 1999

Im Teufelskreis der Kränkung

>> Die Kränkungsdynamik durchzieht alle Lebensbereiche: unser persönliches Wohlbefinden, unsere Freundschafts- und Liebesbeziehungen, unsere Berufssituation, gesellschaftliche Ungleichheiten und weltpolitische Auseinandersetzungen.

>> Kränkungen besitzen eine weitreichende und häufig auch schicksalhafte Bedeutung für unser Leben, weil sie verheerende Folgen haben können. Sie führen im schlimmsten Fall zu Kriegen und Mordtaten, häufig zum Abbruch einer Beziehung gefolgt von Rache und Zerstörungsgedanken.

>> Weder die zerstörerische Rache gegen unseren »Feind« noch der depressive Rückzug ins Selbstmitleid lösen den Kränkungskonflikt, weil wir in beiden Fällen in Unfrieden mit uns und dem anderen sind. Unfrieden führt jedoch unweigerlich in den nächsten Konflikt und damit in die nächste Kränkungssituation.

>> Wird die erlittene Kränkung nicht aufgelöst, kann es zu einem Teufelskreis der Gewalt kommen.

Kränkung hat eine doppelte Bedeutung

Wenn wir von Kränkung sprechen differenzieren wir nie zwischen der *erlittenen* Kränkung, die Menschen erleben und der *erteilten* Kränkung, die anderen zugefügt wird. Es mag müßig sein, eine solche Unterscheidung zu treffen, aber bei meiner Arbeit spüre ich immer mehr Unbehagen, wenn ein und derselbe Begriff für Unterschiedliches verwendet wird. Daher schlage ich vor, von *Kränkungsreaktion* und *Kränkungshandlung* beziehungsweise von *erlittener* und *erteilter Kränkung* zu sprechen.

Die Kränkungsreaktion, also die erlittene Kränkung, ist das, was Menschen erleben, wenn sie sich zurückgewiesen, abgelehnt, ausgeschlossen oder verachtet fühlen. Sie umschreibt alle emotionalen, körperlichen und geistigen Prozesse, die als Reaktion auf das Kränkungsereignis in der jeweiligen Person stattfinden.

Die Kränkungshandlung oder das Kränkungsereignis dagegen ist die erteilte Kränkung, also das, was Menschen tun, wodurch sich andere verletzt fühlen. Das kann eine Kritik sein, ein falsches Wort zum falschen Zeitpunkt, eine ausgebliebene Einladung oder das Verlassenwerden von einem bisher geliebten Menschen. Aber auch Demütigung, Diskriminierung, gewollte Entwertung, Ablehnung, Zurückweisung oder Ausschluss sind Kränkungsereignisse. Die Liste der Beispiele könnte ich endlos erweitern, denn im Grunde kann fast alles kränkend erlebt werden, weil jeder durch andere Ereignisse gekränkt werden kann. Somit ist eine Kränkung im Sinne einer Kränkungshandlung nichts Objektives: Wir können nicht sagen, dass beispielsweise eine Ablehnung automatisch eine Kränkungsreaktion beim Gegenüber auslöst. Das tut sie nur dann, wenn der andere sich dadurch entwertet und in seinem Selbstwertgefühl gemindert fühlt.

Nehmen wir an, eine Kritik hat uns gekränkt. Die Arbeit, die wir mit großem Eifer und viel Mühe dem Chef vorlegen, wird auseinandergenommen und mit den Worten: »Ist Ihnen nichts Besseres eingefallen?« kommentiert. Diese Bemerkung führt in dem Moment zu einer Kränkungsreaktion, wenn wir uns abgewertet fühlen und glauben, versagt zu haben. In diesem Fall lehnen wir unser Produkt selber ab, werfen uns mangelnde Kreativität vor und stellen uns möglicherweise völlig infrage. Schlimmstenfalls meinen wir, für diesen Job nicht geeignet zu sein, unabhängig von früheren Erfolgen.

Ob die Kritik für uns zur erlittenen Kränkung wird, hängt einerseits davon ab, wie wir sie verarbeiten, andererseits von ihrer Form. Wird unsere Arbeit beispielsweise sowohl auf ihre Stärken als auch auf ihre Schwächen hin beurteilt, sind wir vielleicht gar nicht gekränkt oder weniger, als wenn sie pauschal abgelehnt wird. Doch auch dann müssen wir nicht gekränkt reagieren. Denn wenn wir von der guten Qualität unserer Arbeit überzeugt sind, werden wir die Entwertung nicht annehmen.

Kränkung hat eine doppelte Bedeutung

>> Die *erlittene* Kränkung oder *Kränkungsreaktion* ist das, was Menschen erleben, wenn sie sich gekränkt fühlen.

>> Die *erteilte* Kränkung oder *Kränkungshandlung* ist das, was Menschen tun, wodurch andere sich von ihnen gekränkt fühlen.

>> Die Kränkungshandlung ist nichts Objektives: Ob sie als Kränkung erlebt wird, hängt u.a. davon ab, ob sich das Gegenüber verletzt oder entwertet fühlt.

>> Im Grunde kann fast alles kränkend erlebt werden, denn jeder ist durch andere Ereignisse kränkbar.

Wir entscheiden, was uns kränkt

Die Tatsache, dass wir durch fast alles gekränkt werden können, führt automatisch zur Frage unserer persönlichen Verantwortung. Denn ob wir uns gekränkt fühlen oder nicht, hat mehr mit uns zu tun als mit der Kränkungstat an sich. Was heißt das? Wir sind Kränkungen nicht hilflos ausgeliefert, sondern wir gestalten sie aktiv mit, indem wir Ereignisse oder Reaktionen von anderen als persönliche Entwertung interpretieren. Ereignisse werden zur Zurückweisung, wenn der Gekränkte sie als gegen sich gerichtet und als Minderung des eigenen persönlichen Wertes erlebt. Am Beispiel der Kritik durch den Chef wurde das schon deutlich.

Die Auslöser für die Kränkung müssen nicht absichtsvoll erfolgen, indem jemand versucht, uns bewusst zu verletzen. Es kann sich auch um beiläufige Bemerkungen und Gesten handeln, die gar nicht auf uns bezogen sind. Es können auch Kleinigkeiten sein, die unsere Seele erschüttern.

Auf diese Weise kann jedwede Reaktion aus der Umwelt Kränkungsreaktionen auslösen. Das macht die Situation nicht einfacher, zeigt aber deutlich, wie viel Verantwortung auf Seiten des Gekränkten liegt. Er hat in vielen Fällen die Wahl, die Entwertung anzunehmen oder abzuwehren.

Bei unbeabsichtigten Kränkungen, bei denen der Gekränkte die Signale missversteht oder als gegen sich gerichtet fehlinterpretiert, ist es leichter, von der Verantwortung des Gekränkten zu sprechen. Bei offensichtlichen Angriffen, Abwertungen, Beschimpfungen und Kritik ist das schon etwas schwieriger. Doch auch in diesen Fällen läuft derselbe Mechanismus ab: In welchem Ausmaß sich jemand gekränkt fühlt ist abhängig von der Bedeutung, die er dem Ereignis gibt und diese hängt wiederum ab von seiner inneren Sicherheit und früheren Erfahrungen.

Für die einen bedeutet daher eine Absage eine persönliche Kränkung, für andere ist es nur eine bedauerliche Begebenheit. Auch kann die Bedeutung einer Absage bei einer Person wechseln, je nachdem, welche Wichtigkeit das Ereignis hat. Deshalb kann einmal eine Absage wie eine Kränkung erlebt werden, ein anderes Mal nur Bedauern hervorrufen und ein drittes Mal Gleichgültigkeit auslösen.

Kränkbarkeit bedeutet aus dieser Sicht, viele Ereignisse persönlich zu nehmen, sie auf sich zu beziehen und ihnen eine entwertende Bedeutung zuzuschreiben. Fühlt der Betroffene sich dadurch nicht angesprochen, dann lässt er die Verantwortung bei dem Kränkenden und sucht nicht die Gründe für die Ablehnung bei sich.

Deshalb sollten wir vorsichtig sein mit der Aussage: »Du hast mich gekränkt«. Denn diese Aussage bedeutet im Grunde nichts anderes, als dass sich jemand durch das Verhalten eines anderen entwertet, verletzt und in seinem Selbstwertgefühl beeinträchtigt fühlt. Richtiger wäre es deshalb zu sagen »Ich fühle mich gekränkt durch das, was du getan hast«. Damit übernehmen wir die Verantwortung für unser Erleben und vermeiden zugleich Vorwürfe und mögliche falsche Unterstellungen an den anderen. Die nämlich bewirken nur eine Verschärfung des Konflikts, tragen aber nichts zur Lösung, geschweige denn zu einer Verbesserung unserer Befindlichkeit bei.

Ein Auszug aus einem Interview mit dem schwarzen Schauspieler Morgan Freeman, das ich im Magazin der *Süddeutschen Zeitung* las, verdeutlicht, was ich meine [I = Interviewerin; F = Freeman]:

I: Was passiert, wenn ich »Nigger« zu Ihnen sage?
F: Nichts.
I: Warum nicht?
F: Was passiert, wenn ich »deutsche Dummkuh«
*   zu Ihnen sage?*
I: Nichts.
F: Warum nicht?
I: Ich fühle mich nicht angesprochen.
F: Sehen Sie, ich auch nicht.
I: Ist das der Trick, sich nicht angesprochen zu fühlen?

F: Wenn Sie mich »Nigger« nennen, haben Sie ein Problem, nicht ich, weil Sie das falsche Wort benutzen. Indem ich mich nicht angesprochen fühle, lasse ich Sie mit Ihrem Problem allein. Selbstverständlich gilt diese Taktik nicht, wenn Sie mich tätlich angreifen. Dann wehre ich mich, das verspreche ich Ihnen.

In diesem Beispiel geht es mir nicht um den politischen Inhalt, nicht um die Problematik von Menschen mit anderer Hautfarbe oder von Ausländern und auch nicht um Ausländerfeindlichkeit. All diese Themen stehen hier nicht zur Diskussion. Ich möchte Ihnen mit diesem Interviewauszug lediglich deutlich machen, welche Wahlmöglichkeiten wir haben, mit Kränkungssituationen umzugehen. Denn in vielen Fällen haben wir die Entscheidungsfreiheit, eine Entwertung anzunehmen oder sie demjenigen zurückzugeben, der sie ausgeteilt hat. Wir sind nicht gezwungen, etwas anzunehmen, das nicht zu uns gehört. Somit entscheiden wir selbst, was für uns zu einer Kränkung wird.

Wir können eine Kränkungsreaktion verhindern, indem wir den Kommentar eines anderen nicht auf uns beziehen.

Ihre Verantwortung für die Kränkung bedeutet

>> Jede Reaktion aus der Umwelt kann bei Ihnen Kränkungsreaktionen auslösen.

>> Die Tatsache, dass Sie sich gekränkt fühlen, hat mehr mit Ihnen zu tun als mit der Kränkungstat an sich.

>> Sie sind Kränkungen nicht hilflos ausgeliefert, sondern Sie gestalten sie aktiv mit, indem Sie Ereignisse oder Reaktionen von anderen als persönliche Entwertung interpretieren.

>> In welchem Ausmaß Sie sich gekränkt fühlen, ist abhängig von der Bedeutung, die Sie dem Ereignis geben und diese hängt von Ihrer inneren Sicherheit, Ihren Bedürfnissen und früheren Erfahrungen ab.

>> Den Satz »Du hast mich gekränkt« sollten Sie ersetzen durch »Ich fühle mich gekränkt durch das, was du getan hast«. Damit übernehmen Sie die Verantwortung für Ihr Erleben und vermeiden Vorwürfe und Unterstellungen.

Das geschwächte Selbstwertgefühl

Das Wesentliche am Kränkungskonflikt ist der Angriff auf und die Schwächung des Selbstwertgefühls. Auf diese Weise sind Kränkungsreaktionen und Selbstwertgefühl unmittelbar miteinander verbunden und bedingen sich sogar teilweise. Das erkennt man schon an der Herkunft des Wortes Kränkung, das sich vom mittelhochdeutschen Wort »krenken« herleitet im Sinne von schwächen, mindern, schädigen, zunichtemachen, plagen und erniedrigen.

Ein zweiter Wortstamm ist »kranc«, was soviel bedeutet wie schmal, gering und schwach. In der Kränkung fühlen wir uns geschwächt, gering, erniedrigt.

Der Zusammenhang zwischen Kränkung und Selbstwertgefühl besteht in zweierlei Hinsicht.

1. Kränkungen schwächen unser Selbstwertgefühl und sind verbunden mit Selbstzweifeln und einer Verunsicherung unserer Person und unseres Identitätsgefühls. Schwächend ist dabei das Gefühl, zu kurz zu kommen, weniger wert zu sein, benachteiligt und damit weniger geliebt zu werden. Hass, Neid, Empörung und Schmerz haben als Hintergrund immer die Befürchtung, schlechter, minderwertiger, unbedeutender zu sein als andere. Stehen wir nicht in der ersten Reihe, werden wir nicht berücksichtigt, gesehen oder gehört, dann reagieren wir gekränkt.

2. Sehr kränkbare Menschen, die wir im Alltag als Mimosen oder empfindliche Menschen bezeichnen, sind häufig Menschen mit einem instabilen Selbstwertgefühl. Sie reagieren schnell beleidigt, ziehen sich schon bei geringsten Anlässen zurück und sind für einige Zeit nicht mehr ansprechbar. Teilweise sind sie sogar chronisch gekränkt. Allein durch einen falschen Ton in der Stimme, ein barsches Wort oder eine hochgezogene Augenbraue können sie massiv in ihrem Selbstwertgefühl verletzt werden. Das Gegenüber weiß manchmal gar nicht, was los ist, spürt jedoch, dass es diesen Menschen in irgendeiner Weise getroffen hat. In Partnerschaften, Freundschaften, Nachbarschaftsbeziehungen

oder Arbeitskontakten haben Sie vielleicht schon die Erfahrung gemacht, dass Sie eine »falsche« Bemerkung gemacht oder etwas unterlassen haben und der andere ist gekränkt, wendet sich ab und beendet den Kontakt.

Ein Mensch mit einem stabilen Selbstwertgefühl, den wir selbstbewusst nennen würden, wird dagegen nicht so leicht gekränkt reagieren. Denn er wird negative Botschaften von seinem Gegenüber zum einen nicht so sensibel wahrnehmen, zum anderen nicht sofort persönlich nehmen und damit nicht in demselben Maße verunsichert werden. Der Umgang mit einem solchen Menschen ist zweifelsfrei einfacher, wir müssen nicht so achtgeben, etwas Falsches zu sagen oder zu tun.

*Kränkbar ist jeder Mensch, wenn auch
in unterschiedlichem Ausmaß.*

Kränkungen gehören zum Leben, wie auch der Angriff auf unser Selbstwertgefühl einen Teil unseres alltäglichen Erlebens ausmacht. Wir werden kritisiert, abgelehnt, ausgeschlossen, verlassen und zurückgewiesen. Aber ebenso werden wir geliebt, gelobt und angenommen. Doch eben nicht immer.

*Die Auseinandersetzung mit Zurückweisungen
bleibt niemandem erspart.*

Kränkungen schwächen das Selbstwertgefühl

>> Das Wesentliche am Kränkungskonflikt ist der Angriff auf und die Schwächung des Selbstwertgefühls.

>> In der Kränkung fühlen sich Menschen geschwächt, erniedrigt, entwertet.

>> Menschen mit einem schwachen Selbstwertgefühl reagieren empfindlicher auf Kränkungen. Sie zeigen oft mimosenhaftes Verhalten.

>> Selbstbewusste Menschen mit einem stabilen Selbstwertgefühl sind nicht so leicht kränkbar, da sie die negativen Botschaften nicht sofort persönlich nehmen.

>> Jeder Mensch ist kränkbar, wenn auch in unterschiedlichem Ausmaß.

Wenn Anerkennung und Bedürfnisse zu kurz kommen

In Kränkungssituationen spielt die Nichterfüllung narzisstischer Bedürfnisse eine wesentliche Rolle. Das sind Bedürfnisse, die sich direkt auf das Selbstwertgefühl beziehen: gesehen, gehört, anerkannt, verstanden und beantwortet zu werden. Die Erfüllung der Bedürfnisse nach Beachtung, Wertschätzung, Geliebtwerden und Dazugehören stärken unser Selbstwertgefühl und werden daher narzisstisch genannt. Narzisstisch bedeutet in diesem Zusammenhang »das Selbstwertgefühl betreffend« und ist nicht zu verwechseln mit einer narzisstischen Störung.

Wir wollen um unser selbst willen geliebt, geachtet und akzeptiert werden. Wir brauchen es, für andere eine Bedeutung zu haben und in ihrem Leben eine Rolle zu spielen, manchmal sogar die Hauptrolle. In Kränkungssituationen bleiben diese Wünsche unerfüllt, was wir als Entwertung unserer Person erleben.

Menschen, die von Haus aus ein geschwächtes Selbstwertgefühl haben, werden daher schneller gekränkt reagieren. Da sie von tiefen Selbstzweifeln getrieben sind, suchen sie die Bestätigung ihrer Person im Außen, in der Anerkennung durch andere. Bleibt diese Anerkennung aus, zementiert das ihre negative Sicht von sich selbst und führt zu einer erneuten Selbstwertkrise.

Durch dieses negative Selbstbild fühlen sie sich wiederum leichter ausgeschlossen, ungesehen und unwichtig. Unglücklicherweise trägt diese Konstellation dazu bei, positive Zuwendung, Lob und Anerkennung, schlecht annehmen zu können. Dabei brauchen sie diese narzisstische Zufuhr mehr als Menschen mit einem stabilen Selbstwertgefühl, denn die können sich in seelischen Notzeiten selbst Unterstützung und Zuspruch geben.

Dieser Mechanismus ist auch bei depressiven Menschen zu beobachten und in vielen Fällen nicht ohne Psychotherapie zu verändern.

Kränkungen erleben wir auch dann, wenn Bedürfnisse unerfüllt bleiben, die uns im aktuellen Moment so wichtig sind, dass wir an ihre Erfüllung unseren persönlichen Wert knüpfen. Können wir das Bedürfnis identifizieren und spüren, was uns fehlt, dann sind wir schon ein ganzes Stück weiter: Wir können dann um das bitten, was wir brauchen, statt beleidigt zu sein. Dadurch haben wir die Chance, »satt« zu werden.

Ein Beispiel: Sie haben sich ein neues Kleid gekauft, mit dem Sie Ihren Partner überraschen wollen, aber er bemerkt es nicht und äußert sich auch nicht positiv über Ihr Aussehen. Ihr Bedürfnis, wahrgenommen zu werden und ihm zu gefallen, bleibt unerfüllt, was Sie besonders trifft, weil Sie sich schon länger übersehen und nicht ausreichend geliebt fühlen. Unter diesen Bedingungen kann es zu einem Streit kommen, wenn Sie ihm Ignoranz vorwerfen und er sich lautstark verteidigt, so viel um die Ohren zu haben, dass er nicht auch noch jedes neue Kleid kommentieren könne. Da es Ihnen aber im Grunde nicht um das neue Kleid, sondern um Ihre Person geht, fühlen Sie sich zurückgewiesen und gekränkt. Sie wenden sich beleidigt ab oder schmeißen wütend die Tür.

Konstruktiver und lösungsorientierter wäre es dagegen, wenn Sie zuerst einmal sich selbst und dann Ihrem Partner klar machen, worum es Ihnen geht. Dazu ist es nötig, ihre Bedürfnisse wahrzunehmen. Eigentlich wünschen Sie sich mehr Aufmerksamkeit, Anerkennung und mehr Kontakt von Ihrem Partner. Der Wink mit dem neuen Kleid ist jedoch sehr indirekt. Besser Sie teilen Ihrem Partner offen mit, was Ihnen fehlt. Dann haben Sie eine größere Chance zu bekommen, was Sie sich wünschen und erfahren möglicherweise auch, was Ihr Partner braucht.

Bleiben unsere Bedürfnisse unerfüllt, führt das häufig zu Kränkungen

» Vor allem Ihre narzisstischen Bedürfnisse, die direkt auf Ihr Selbstwertgefühl bezogen sind, bleiben in Kränkungssituationen unerfüllt.

» Sie fühlen sich nicht gesehen und gehört, werden nicht ausreichend ernst genommen, bekommen keine Antwort, werden nicht geachtet und erhalten zu wenig Anerkennung, Bestätigung und Lob.

» Sind Sie in der Wertschätzung Ihrer Person stärker auf die Anerkennung von außen angewiesen, dann sind Sie auch schneller kränkbar, wenn diese ausbleibt.

» Sie beenden Kränkungsreaktionen, indem Sie Ihre unerfüllten Bedürfnisse wahrnehmen, und aktiv danach suchen, was Sie »satt« machen kann.

Lieber sind wir wütend, als zu spüren, wie weh es tut

Kränkungsreaktionen sind verbunden mit Gefühlen von Ohnmacht, Wut, Verachtung, Enttäuschung und Trotz. Diese sind jedoch keine echten Gefühle, sondern können eher als Zustände verstanden werden. Echte, vitale Gefühle, die in Kränkungssituationen ausgelöst werden, sind vor allem Schmerz, Wut, Scham und Angst. Und diese Gefühle werden in der erlittenen Kränkung kaum oder gar nicht gespürt, geschweige denn ausgedrückt.

Unsere Kränkungsreaktion hilft uns, diese Gefühle weitestgehend auszublenden. Stattdessen verstricken wir uns in Empörung, Selbst- und Fremdanklagen und Kränkungswut, oft verbunden mit Rachegedanken. Die Kränkungswut und Verachtung sind gleichsam Schutzreaktionen vor dem Schmerz der Verletzung, vor der Angst und der Scham. Wut und Verachtung haben zum Ziel, die schmerzliche Gekränktheit zu beenden und zu neutralisieren. Lieber sind wir wütend, als zu spüren, wie weh es tut. Insofern steht die Kränkungsreaktion im Dienste der Abwehr von Angst, Scham, Schmerz und einem konstruktiven Ärger, der etwas anderes ist als der destruktive Hass und die zerstörerische Wut in der Kränkung. Die konstruktive Wut will schützen, Grenzen setzen und die Beziehung erhalten, wogegen die destruktive Kränkungswut den anderen und die Beziehung, oftmals sogar sich selbst, systematisch zerstören will. Sie ist nicht auf Lösung gerichtet, sondern auf Zerstörung.

Lassen wir jedoch die echten Gefühle in einer Kränkungssituation zu, dann sind wir traurig, es schmerzt, wir haben Angst, schämen uns für eventuelle Fehler oder sind wütend, aber wir sind nicht gekränkt, nicht destruktiv, beleidigt abgewandt oder ohnmächtig. Wir sind in Kontakt mit uns, mit unseren Gefühlen und dadurch handlungsfähig. Denn wir können im Schmerz Trost suchen, uns in der Angst Unterstützung und Rat holen, über unsere Schamgefühle sprechen und unsere Wut ausdrücken, ohne die Beziehung zu zerstören.

Wie Kränkungen ablaufen

Die Kränkung entsteht durch

die Verletzung durch Zurückweisung und Entwertung

die Kränkung löst Schmerz, Scham, Angst und Wut aus

diese Gefühle werden weitgehend abgewehrt

erlebt werden destruktive Wut, Verachtung, Ohnmacht,
Enttäuschung und Trotz

die Reaktionen in der Kränkung sind Rache,
Gewalt gegen sich und andere, Beziehungsabbruch.

Schreck lass nach

Die Kränkungsreaktion ist einer Schreckreaktion sehr ähnlich. Wenn wir gekränkt sind, erschrecken wir, halten den Atem an, erstarren körperlich, verkrampfen uns und können nicht mehr klar denken. Das ist auch ein Grund dafür, dass uns die besten Antworten auf Abwertungen oder Frechheiten anderer oft erst viel später einfallen. In der realen Situation sind wir so sehr damit beschäftigt, die Kontrolle über uns und die Situation zu bewahren, dass wir kaum schlagfertig reagieren können. Das gelingt uns meist nur dann, wenn wir emotional nicht so stark betroffen sind.

Die subjektive Beschreibung der körperlichen und emotionalen Reaktionen in Kränkungssituationen reicht von Herzrasen über weiche Beine, Stillwerden, Kälteempfindungen, Enge in der Brust, Panik, Resignation bis zur Ohnmacht. Die echten Gefühle wie Angst, Wut, Schmerz und Scham nehmen wir nicht oder nur ansatzweise wahr, wir ziehen uns in uns selbst zurück oder versuchen einen Befreiungsschlag. Gelingt es uns auf Dauer nicht, die Erstarrung in uns aufzulösen und sind wir weiteren Kränkungssituationen ausgeliefert, kann das zu körperlichen Problemen führen wie chronischen Muskelverspannungen, Atembeschwerden, Gallenleiden und vielem mehr.

Ein Beispiel für den Zusammenhang zwischen Erkrankung und Kränkung liefert die Geschichte *»Unser bester Lehrer«*, von Bertold Brecht (entnommen aus dem Buch von Kurt Singer *Kränkung und Kranksein*) die im Folgenden in gekürzter Fassung abgedruckt wird:

»Unser bester Lehrer war ein großer, erstaunlich hässlicher Mann, der in seiner Jugend, wie es hieß, eine Professur angestrebt hatte, mit diesem Versuch aber gescheitert war. Diese Enttäuschung brachte alle in ihm schlummernden Kräfte zu voller Entfaltung. Er liebte es, uns unvorbereitet einem Examen zu unterwerfen, und stieß kleine Schreie der Wollust aus, wenn wir keine Antworten wussten ... Seine Aufgabe war es, aus uns Menschen zu machen. Das gelang ihm nicht schlecht. Wir lernten zwar keine Chemie bei ihm, wohl aber, wie man sich rächt.

Alljährlich kam ein Schulkommissar, und es hieß, er wolle sehen, wie wir lernten. Aber wir wussten, dass er sehen wollte, wie die Lehrer lehrten. Als er wieder einmal kam, benützten wir die Gelegenheit, unseren Lehrer zu brechen. Wir beantworteten keine einzige Frage und saßen da wie die Idioten. An diesem Tag zeigte unser Lehrer keine Wollust bei unserem Versagen. Er bekam die Gelbsucht, lag lange krank und wurde, zurückgekehrt, nie wieder der alte, wollüstige Mensch.«

»Sich grün und gelb« ärgern ist ein umgangssprachlicher Ausdruck. Das Gelb weist auf den Zusammenhang zwischen Ärger und der Funktion der Leber hin. Der Lehrer wurde durch die Rache der Schüler krank, eine Reaktion, die wir häufig bei psychosomatischen Erkrankungen feststellen. Der Hintergrund seiner aktuellen Kränkungsreaktion ist die Enttäuschung über die gescheiterte Professur in jungen Jahren, die der Lehrer anscheinend nie überwunden hat und die bis in die Gegenwart hinein sein abwertendes Verhalten speiste.

Der Schreck der Kränkung

>> In der Kränkung erschrecken Sie.

>> Ihr Körper reagiert in Kränkungssituationen mit einer Reihe spezifischer Muster wie Atem anhalten, Muskelverkrampfung und Starre.

>> Tiefes Atmen und Bewegen sind die ersten Reaktionen, die Ihnen aus der Erstarrung heraushelfen und die Basis zur Überwindung von Kränkungen darstellen.

>> Nicht verarbeitete Enttäuschungen wirken als Nährboden für aktuelle Kränkungsgefühle und -handlungen.

>> Bleiben die Kränkungserlebnisse unbearbeitet, können sie zu psychosomatischen Krankheiten führen.

Wenn wir gekränkt sind

Die Kränkung trifft den wunden Punkt

Die Rolle des Gekränkten kennt jeder. Sei es, dass die Kränkungserlebnisse schon lange zurückliegen, sei es, dass wir sie gerade eben erst erlebt haben. Sie können für unser Leben schwerwiegende Bedeutung haben oder kleine Kränkungen sein, die wir relativ schnell wegstecken. Wie auch immer, wir wissen, wie sich erlittene Kränkungen anfühlen.

Können Sie sich noch an die letzte Kränkung erinnern, die Sie erlebten? Wann passierte sie und durch wen? Wie haben Sie sich gefühlt und verhalten? Wissen Sie, welche Erwartungen und Bedürfnisse damals zu kurz kamen?

Haben Sie den Mut und bleiben Sie kurz bei diesem Erlebnis. Auf dem Hintergrund einer persönlichen Erfahrung und Betroffenheit liest sich das Folgende möglicherweise spannender.

Verletzungen durch andere geschehen oft ohne Absicht und ohne, dass wir darauf vorbereitet sind. Kränkungen treffen uns wie ein Blitz aus heiterem Himmel, oft verstehen wir selber nicht, warum wir so heftig reagieren. Dennoch tun wir es, weil die Kränkung den Punkt berührt, an dem wir empfindlich sind. Ich habe ihn deshalb den wunden Punkt genannt, denn wir sind an dieser Stelle verwundet und verwundbar.

Der wunde Punkt bildet sich da, wo erlittene Kränkungen und Verletzungen nicht verheilt sind und durch neue Erlebnisse jeder Zeit aktiviert werden können. Jede Verletzung mit ähnlichem Inhalt trifft uns an dieser Stelle, reißt die alte Wunde wieder auf und lässt sie schmerzen.

Unsere aktuelle Reaktion ist also nicht nur bestimmt durch die gerade erlebte Kränkungshandlung, sondern auch durch das, was wir in diesem Zusammenhang bisher erlebt haben. Unser Schmerz ist nicht nur der aktuelle, sondern auch der alte; die Wut ist nicht nur die gegenwärtige, sondern die Summe aller Wutgefühle auf alle, die uns bislang verletzten; der Kränkende ist nicht nur der einzelne Mensch, sondern vertritt alle früheren »Kränker«. Das bewirkt zum einen, dass unser Verhalten heftiger ausfällt als nötig und wir uns in den Augen anderer völlig daneben oder zumindest unverständlich verhalten. Zum anderen bedeutet es, dass wir unser Gegenüber nicht mehr angemessen wahrnehmen, sondern in ihm, quasi als Repräsentant, alle anderen mitbekämpfen.

Isolde litt darunter, dass ihre Zweierbeziehungen immer wieder zerbrachen. In jedem neuen Partner sah sie den erhofften Richtigen und war sich sicher, dass es dieses Mal klappen würde. Sie gab sich alle Mühe, alte Fehler nicht zu wiederholen und eine anziehende und liebenswerte Partnerin zu sein. Doch bei dem leisesten Anzeichen eines Rückzugs des Freundes reagierte sie schon verletzt. Ihre negativen Beziehungserfahrungen ließen sie jedes eigenständige Verhalten des Partners als drohende Trennung und Verlassenwerden erleben, auf das sie mit panischer Angst reagierte.

Um der Angst Herr zu werden, fing sie an, Kontrolle auszuüben, damit ihr die Situation nicht aus der Hand glitt. Ihre Kontrolle ließ dem Partner jedoch zu wenig Raum, erdrückte ihn und führte dazu, dass er sich immer mehr zurückzog. Aufgrund ihrer Verletztheit konnte sie diese Situation nicht ertragen, war aber auch nicht fähig, sich mit dem Partner konstruktiv auseinanderzusetzen. Stattdessen beschimpfte sie ihn, machte ihm Vorwürfe und war außer sich vor Zorn. Sie war so stark gekränkt, dass sie sich nicht mehr in ihn einfühlen und ihn nicht mehr wahrnehmen konnte.

Die therapeutische Arbeit bestand darin, sie wieder in Kontakt mit sich selbst zu bringen und die Wunde zu identifizieren, die durch sein eigenständiges Verhalten aufgerissen wurde. Es stellte sich heraus, dass sie ihren Vater sehr früh verlor, als er bei einem Unfall ums Leben kam. Dieser Verlust legte die Basis für ihre Trennungsangst und bildete ihren wunden Punkt. In der Therapie konnte sie das erste Mal den Tod des Vaters betrauern und ihre Enttäuschung und Wut über seinen Tod erleben und ausdrücken. Auch spürte sie, dass viel von dem Schmerz und der Wut, die sie bei Trennungen erlebt, mit den Gefühlen zu ihrem Vater zusammenhängen. Der Partner erfährt dann neben der aktuellen Enttäuschungsreaktion stellvertretend die Emotionen, die eigentlich ihrem Vater gelten.

Für den Partner sieht die Situation völlig anders aus. Er spürt die Angst der Frau als Druck, ohne genau zu wissen, was los ist. Hat er selbst in seiner Geschichte negative Erfahrungen mit Druck gemacht, wird er durch ihr Verhalten an seinem wunden Punkt getroffen. Sein Thema könnte darin bestehen, sich nicht frei entscheiden zu dürfen und für Eigenständigkeit mit Liebesverlust bestraft zu werden. Wird Kontrolle ausgeübt, bekommt er Angst und muss sich daher übermäßig abgrenzen, um dem Druck nicht zu erliegen. Dass seine Freundin das als Zurückweisung erlebt, ahnt er möglicherweise nicht. Weiß er jedoch darum, kann er Verständnis für ihre Befürchtungen aufbringen, was den Kontakt zwischen ihnen entspannter werden lässt. Ebenso kann sie mehr Freiheit gewähren, wenn sie sich in seine Geschichte und seinen wunden Punkt einfühlen kann. Das gegenseitige Wissen um die Verletzbarkeiten wird zukünftige Kränkungen nicht unbedingt verhindern, aber die Heftigkeit der Reaktion abmildern und konstruktive Wege der Auseinandersetzung eröffnen, ohne sich trennen zu müssen oder sich übermäßig Schaden zuzufügen.

Der wunde Punkt und der Umgang mit Kränkungserlebnissen

>> Welchen wunden Punkt berührt die Kränkung?

>> Welche alte Wunde bricht durch die aktuelle Situation wieder auf?

>> Welches schmerzliche Thema ist in Ihnen noch nicht geheilt?

>> Müssen Sie dem anderen sein Verhalten wirklich so übel nehmen, oder bekommt er eine Reaktion ab, die noch jemand anderem gilt?

>> Sehen Sie im Kränkenden vielleicht jemand anderen?

>> Welche Reaktion gehört zu dem aktuellen Menschen, der Sie kränkt und welche zu einem früheren?

>> Wie ist die Geschichte des anderen, was verletzt ihn, welchen wunden Punkt treffen Sie bei ihm?

Machen Sie sich klar, dass

>> der Partner Ihre alten Wunden nicht heilen kann.

>> Sie die Verantwortung für Ihre Gefühle haben und nicht der andere.

>> Wut, Vorwürfe und Anklagen das Problem nicht lösen.

>> Sie für sich und Ihr Gegenüber Verständnis aufbringen müssen.

>> die Sicht des anderen von Ihrer verschieden ist.

Was können Sie tun?

>> Drücken Sie Ihre überschießenden Gefühle dem anderen gegenüber nicht sofort aus, sondern ordnen Sie sie zuerst in sich.

>> Warten Sie mindestens einen Tag und eine Nacht ab, bevor Sie reagieren.

>> Überprüfen Sie Ihre Annahmen über die Absichten des anderen an der Realität.

>> Bevor Sie auf Verdacht handeln, fragen Sie vorher nach, ob Ihre Annahmen stimmen.

>> Sagen Sie dem anderen, was Sie befürchten und was Sie brauchen, um sich sicher zu fühlen.

>> Fragen Sie den anderen, was er fühlt und von Ihnen braucht.

Ich nehme alles persönlich

Die Erfahrungen, die den wunden Punkt bilden, hinterlassen in uns bestimmte Einstellungen uns und anderen Menschen gegenüber. Wer sich beispielsweise als Kind abgelehnt fühlte oder sogar ausgeschlossen wurde, kann die Einstellung entwickeln: »Ich mache nichts richtig, ich gehöre nicht dazu, mich will keiner.« Aufgrund dieser Überzeugung wird er die Welt und andere Menschen unter dem Blickwinkel der möglichen Zurückweisung sehen. In dieser Haltung prägen sich Selbstzweifel, soziale Ängste und Unsicherheit aus, die ein Nährboden für Kränkbarkeit darstellen. Aufgrund seiner Selbstunsicherheit und der Angst, etwas falsch zu machen, tendiert ein solcher Mensch dazu, alles persönlich zu nehmen und das Negative auf sich zu beziehen. Eine abwertende Bemerkung, die er aufschnappt, gilt natürlich ihm; ein kritischer Blick beweist ihm, dass er etwas falsch gemacht hat; betritt er das Büro der Kollegen und sie hören daraufhin auf zu sprechen, haben sie vorher selbstverständlich schlecht über ihn geredet; auch für die miese Laune der Ehefrau fühlt er sich verantwortlich. Es scheint, als drehe sich die ganze Welt nur um ihn und die anderen seien darauf bedacht, ihm das Leben schwer zu machen.

Das Kränkungsrisiko eines solchen Menschen ist zwangsläufig sehr groß, weil er in hohem Maße auf die Reaktionen aus der Umwelt angewiesen ist, und dadurch jedes kritische oder abwertende Signal wahrnimmt. Auf diese Weise bestätigt er sich sein negatives Selbstbild, was ihn in der Folge noch kränkbarer und unsicherer macht.

Kränkbare Menschen nehmen alles schnell persönlich

>> Selbstzweifel, soziale Ängste und Unsicherheit sind
ein Nährboden für Kränkbarkeit.

>> Kränkbare Menschen zeichnen sich dadurch aus,
dass sie alles Negative auf sich beziehen.

>> Sie beobachten ihre Umwelt sehr sorgfältig und registrieren
jede negative Regung.

>> Sie fühlen sich ständig schuldig, auch wenn sie es nicht sind.

>> Sie sind meist selbstunsicher und haben Angst.

Wie können Sie eine solche Haltung überwinden?

» Wenden Sie den Blick auf das Positive und registrieren Sie Lob, Komplimente, freundliche Blicke oder sogar ein Lächeln von Ihrem Gegenüber.

» Stärken Sie Ihre Selbstachtung und lassen Sie zu, dass Sie gut behandelt werden.

» Schlucken Sie nicht alles, was Ihnen vorgesetzt wird.

» Fragen Sie im Zweifelsfall nach, ob die negative Bemerkung, der kritische Blick oder die Ablehnung wirklich Ihnen gilt. Wenn ja, dann fragen Sie nach dem Grund.

» Machen Sie sich klar: Sie sind nicht für alles verantwortlich und an allem schuld.

» Haben Sie den Mut, sich Ihren möglichen Anteil an dem Kränkungskonflikt einzugestehen, nur dann können Sie ihn befriedigend lösen.

» Überprüfen Sie Ihre kritische und abwertende Haltung sich selbst gegenüber; vielleicht machen Sie mit sich dasselbe, was Sie den anderen unterstellen, nämlich sich abwerten.

» Achten Sie darauf, wie Sie selber andere Menschen entwerten durch Worte, Blicke oder in Gedanken. Wer befürchtet abgewertet zu werden, tendiert dazu, andere abzuwerten.

» Auch wenn es Ihnen schwer fällt, konzentrieren Sie sich bewusst auf die liebenswerten Seiten der Menschen.

» Ein versöhnlicher Blick auf die anderen stimmt auch den Blick auf sich selbst versöhnlicher.

Wie es ist, ist es falsch

Die Einstellung »Wie es ist, ist es falsch« zeigt sich an ständiger Unzufriedenheit mit sich selbst, der Welt und den anderen. Das Wetter ist für diese Menschen entweder zu kalt oder zu warm, und so halten sie es mit den meisten Situationen: Weder sie selbst noch die anderen können es ihnen recht machen. Die Folge sind ständige Enttäuschungen, die den Boden für eine chronische Gekränktheit bereiten. Nicht selten drückt sie sich in Krankheiten oder diffusen Schmerzzuständen aus, obwohl das eigentliche Problem kein körperliches, sondern ein psychisches ist.

Ein chronisch gekränkter Mensch leidet nicht nur subjektiv, sondern macht auch den anderen das Leben schwer, weil er konstruktive Auseinandersetzungen verhindert. Versuchen Sie einmal einen kränkbaren Menschen zu kritisieren oder auf einen Fehler hinzuweisen. Das wird Ihnen kaum gelingen, weil diese Person entweder alles, was Sie ihr sagen, unhinterfragt schluckt und in Schuldgefühlen versinkt oder so gekränkt ist, dass sie alles abwehrt und Ihnen Böswilligkeit unterstellt. Damit werden Sie »ausgehebelt«, weil es nicht mehr möglich ist, sich sachlich über ein Problem zu verständigen. Wenn der differenzierte Blick auf das eigene Verhalten verloren geht, fehlt auch die Bereitschaft, den persönlichen Anteil an einem Kränkungskonflikt wahrzunehmen. Dann bleiben nur die Extreme: entweder sich ungerechtfertigt abzuwerten und sich völlig infrage zu stellen, oder jede Schuld zu leugnen. Eine konstruktive Konfliktlösung wird damit unmöglich.

Irene war 40 Jahre alt, äußerst attraktiv und immer freundlich. Auf den ersten Blick hätte niemand angenommen, dass sie innerlich verbittert und zutiefst enttäuscht war. Im Grunde funktionierte sie nur, aber sie lebte nicht. Sie begann die Therapie, weil sie sich depressiv fühlte und oft krank war. Aber nicht nur das, im Grunde stimmte gar nichts in ihrem Leben. In ihrem Beruf war sie unzufrieden und sie klagte ständig über die Unterforderung in ihrer Tätigkeit. Wurde ihr jedoch eine verantwortungsvolle Aufgabe übertragen, lehnte sie ab aus Angst, sie nicht zu bewältigen. Ihre Wohnsituation war problematisch, weil sie nicht genau wusste, wo sie leben wollte und keine Wohnung so recht passte. Die eine war zu laut, die andere zu klein, die dritte zu abgelegen. Entschied sie sich dann für einen Ort, tauchten nach kürzester Zeit schier unüberwindliche Schwierigkeiten auf.

Auch ihre Freunde entsprachen nur selten ihren Vorstellungen, weshalb sie sich oft heftig über sie beklagte. Meldeten sie sich nicht bei ihr, war sie zutiefst gekränkt, fühlte sich ausgeschlossen und nicht gewollt. Dass es eigentlich nur wenige länger mit ihr aushielten, wagte ihr keiner direkt zu sagen, weil sie eine solche Kritik mit vehementen Vorwürfen und dem Abbruch der Beziehung beantwortet hätte. Ihre ganze Haltung war getragen von Vorwurf, Ablehnung und Misstrauen. Meist waren es die anderen, die an ihrem Leid schuld waren, weshalb sie sie verstieß. Danach bedauerte sie diesen Schritt, weil sie sich allein und verlassen fühlte. Dann war sie wieder zugewandt und freundlich, bis irgendetwas geschah, was sie erneut kränkte. In diesem Moment begann das »Spiel« von vorne.

Wenn es darum ging herauszufinden, welchen Anteil sie an den Beziehungskonflikten hatte, versank sie entweder in Selbstbeschimpfung und Selbstmitleid oder in hasserfüllte Ablehnung. Es gelang ihr nicht, ihr Verhalten zu reflektieren, ohne sich oder die anderen zu entwerten. Diese Haltung entwickelte sie nach einiger Zeit auch der Therapie gegenüber, nachdem sie spürte, dass eine Veränderung nicht ohne ihr Zutun und ihre Verantwortung gelingen wollte. Sie war gekränkt und enttäuscht, dass sich ihre Erwartungen an die Behandlung nicht erfüllten und brach sie daraufhin ab.

Gekränkte Menschen machen sich und anderen
das Leben schwer.

Sie leiden unter der Überzeugung »Wie es ist, ist es falsch«

>> wenn Sie meistens unzufrieden sind.

>> wenn Sie an allen und allem etwas auszusetzen haben.

>> wenn Sie immer etwas anderes wollen, als sie gerade haben.

>> wenn das, was Sie bekommen nicht ausreicht, das Falsche ist oder zur falschen Zeit vom falschen Menschen kommt.

>> wenn Sie auf Fehler oder Kritik mit heftigen Emotionen reagieren.

>> wenn Sie davon überzeugt sind, dass andere an ihrem Leid Schuld sind.

>> wenn Sie sich selbst und anderen ständig Vorwürfe machen.

Wie können Sie damit umgehen?

>> Hören Sie auf, anderen die Schuld zuzuschreiben.

>> Vermeiden Sie Extreme: Sie sind weder für alles verantwortlich noch für gar nichts.

>> Besinnen Sie sich auf Ihre eigene Verantwortung.

>> Registrieren Sie bewusst alles Positive, was Sie im Laufe des Tages erfahren, unabhängig von der Person.

>> Lassen Sie sich Rückmeldung von anderen geben, hören Sie nur zu, ohne sich gleich zu rechtfertigen. Lassen Sie das Gehörte wirken und nehmen Sie ernst, was andere an Ihnen mögen und ablehnen.

>> Lernen Sie aus Kritik, indem Sie den Mut haben, sich zu verändern, ohne sich als Person abzuwerten.

>> Besinnen Sie sich auf den Moment und registrieren Sie bewusst, was alles in Ordnung ist.

>> Seien Sie auch für kleine Erfolgserlebnisse offen und dankbar, weil ständige Enttäuschungen den Boden für eine chronische Gekränktheit bereiten.

>> Entwickeln Sie eine neue Einstellung: »Wie es ist, ist es richtig und ich mache das Beste daraus«.

Ich bin gekränkt, weil du ...

Kränkungskonflikte entstehen dadurch, dass Menschen eine Verbindung herstellen zwischen dem Verhalten des anderen und dem eigenen Wohlbefinden nach dem Muster »Ich leide, weil du immer ...«, »Ich bin nur glücklich, wenn du ...«.

Diese Verbindung zwischen eigenem Wohlbefinden und dem Verhalten des anderen kann fatal werden, weil wir dadurch die Verantwortung für unser Wohlergehen abgeben. Als wären wir völlig abhängig und könnten keine eigenen Entscheidungen treffen.

In Paarbeziehungen finden wir solche Konflikte häufig, weil das emotionale Befinden natürlich auch durch die Art und Weise beeinflusst wird, wie uns der Partner oder die Partnerin behandelt. Dennoch steckt hinter der Botschaft »Ich leide, weil du ...« viel mehr: sie beinhaltet zum einen den Vorwurf, der andere sei schuld am eigenen Leid. Des Weiteren ist darin der Wunsch enthalten, der andere solle anders sein, als er ist. »Weil du so trödelst, komme ich unter Druck«, »Weil du so viel Nähe willst, ersticke ich«, »Weil du so unabhängig bist, fühle ich mich allein«.

Hinter diesen Vorwürfen steht die Hoffnung, der Partner würde in Zukunft weniger trödeln, weniger Nähe suchen oder mehr Abhängigkeit zulassen. Und dann würde es einem besser gehen. Gekränkt sind in diesen Fällen meist beide. Derjenige, der leidet, weil der Partner immer trödelt, fühlt sich von ihm in seinem Bedürfnis nach Pünktlichkeit nicht ernst genommen. Der andere fühlt sich oft sogar zu Recht angegriffen und verurteilt für etwas, das nicht in seiner Verantwortung liegt.

Eine nicht kränkende Auseinandersetzung bestünde darin, seine Wünsche an den Partner/die Partnerin zu richten, statt Vorwürfe zu machen. Gelingt es dem Partner beispielsweise nicht, pünktlich zu sein, ist es die Verantwortung der Partnerin, sich dadurch nicht unter Druck zu setzen und schon früher zu gehen, um rechtzeitig dort zu sein, wo sie hinwill. Wenn sie lernt, ihre eigenen Entscheidungen zu treffen und eigenverantwortlich für sich zu sorgen, wird sie sich weniger gekränkt fühlen.

Sie war ganz erstaunt, als sie merkte, wie viel Verantwortung sie ihrem Mann immer überträgt, ohne es zu merken. Sie hatten gerade eine Trennungszeit hinter sich, in der sie gezwungen war, ihr Leben selbstständig einzurichten und Verantwortung für sich zu übernehmen. Je länger sie alleine war, umso eigenverantwortlicher wurde sie, auch wenn sie sehr unter der Distanz zum Partner litt.

Doch die erworbene Eigenständigkeit und persönliche Sicherheit gingen ihr verloren, seitdem sie wieder ein halbes Jahr zusammenlebten. Zuerst fühlte sie sich ausreichend von ihrem Mann geliebt und beachtet, was im Laufe des Alltags jedoch wieder nachließ. Dadurch wurde sie immer depressiver, unsicherer und abhängiger, da sie sich nur durch seine Zuwendung stark fühlte. Blieb diese aus, bekam sie Angst, wieder alleine gelassen zu werden.

Da ihr Vertrauen in ihren Mann und in die Haltbarkeit der Beziehung gelitten hatte, brauchte sie viel Unterstützung, um sich wieder auf ihn einzulassen. Sie machte ihr Wohlbefinden immer stärker von ihrem Mann und seinem Verhalten abhängig. Ich fragte sie, was sie denn anders machen würde, wenn sie allein wäre und ihr Mann nicht für sie sorgen könnte. Sie musste nicht lange überlegen: »Ich würde den Kontakt zu meinen Freunden intensivieren und mehr schätzen. Ich würde öfter außer Haus gehen. Ich hätte Lust, mal wieder ein Seminar zu besuchen, das mich zu mir bringt und mich stärkt. Und ich würde mich mehr daran orientieren, was mir Spaß macht.« Wie sich wohl beide fühlen, wenn sie das in der Beziehung umsetzen würde?

Ich bin gekränkt, weil du ... führt in die Irre und in den Konflikt.

Der Konflikt

» Kränkungen entstehen dadurch, dass Sie eine Verbindung herstellen zwischen Ihrem eigenen Wohlbefinden und dem Verhalten des anderen.

» In Beziehungen tendieren Sie leicht dazu, die Verantwortung für sich abzugeben.

» Sie sind gekränkt, wenn das eigene Nähebedürfnis vom anderen aus Angst vor Abhängigkeit nicht befriedigt wird.

» Sie kränken umgekehrt den anderen, wenn Sie sein Autonomiebedürfnis aus Angst vor Verlassenheit nicht unterstützen.

» Gegenseitige Vorwürfe zementieren den Konflikt und führen zu weiteren Kränkungen.

Die Lösung

» Machen Sie sich bewusst, dass der äußere Konflikt auf einen ungelösten inneren Konflikt hinweist.

» Integrieren Sie die Pole in sich, anstatt die Lösung vom Partner/der Partnerin zu erwarten.

» Werden Sie in Ihrem Wohlbefinden allmählich unabhängig vom anderen, ohne die Beziehung aufzugeben.

Du kommst mir zu nahe

Viele Kränkungen in Beziehungen entstehen durch Nähe-Distanz-Probleme, bei denen ein Partner über die zu starken Nähewünsche des anderen klagt und der andere unter dessen Distanziertheit leidet. Einer zieht sich zurück und signalisiert: »Ich leide, wenn du mir zu nahe kommst.« Das heißt, es würde ihm besser gehen, wenn die Partnerin mehr Abstand halten würde. Die »heiße Kartoffel«, nämlich die Verantwortung für das gelungene Miteinander, hat nun sie, indem sie das richtige Maß an Distanz herstellt. Wenn das im Zusammenleben wirklich so klappen würde, dann bräuchten wir nur den idealen Partner (die ideale Partnerin), der nie zu nahe kommt und nie zu weit weg geht. Doch auch der könnte uns nicht wirklich helfen, weil das eigentliche Problem in uns selbst liegt. Was heißt das?

Beim Nähe-Distanz-Konflikt liegt meist eine Ambivalenz vor zwischen

1. dem Wunsch nach Nähe und der Angst vor Abhängigkeit
2. dem Wunsch nach Autonomie und der Angst vor dem Verlassen werden.

Beide Pole sind gleichwertig und wir wissen nicht, für welche von beiden wir uns entscheiden sollen.

In der Regel besetzen wir nur einen Pol, zum Beispiel den des Nähewunsches und überlassen dem Partner/der Partnerin den anderen Pol, in dem Fall die Angst vor Abhängigkeit. Wir müssen diese Angst vor Abhängigkeit dann nicht mehr spüren, denn wir lassen sie quasi vom Partner leben. Genauso verhält es sich mit Autonomie und Verlassenheit. Einer lebt die Autonomie, verhält sich eigenständig und unabhängig und der andere spürt die Verlassenheitsangst. Nach außen hin erscheint es so, als wenn der eine die Nähearbeit leistet und der andere für die Distanz zuständig ist. Diese Arbeitsteilung führt jedoch automatisch zu Kränkungskonflikten, weil es keiner dem anderen recht machen kann. Der eine kommt zu nah, der andere ist zu weit weg und jeder enttäuscht mit seinem einseitigen Verhalten die Bedürfnisse des anderen.

Erst, wenn wir diesen äußeren Konflikt zu einem inneren machen, kommen wir einer Lösung näher. Dazu ist es nötig, die jeweils andere Seite, die bisher der Partner/die Partnerin lebt, bei sich selbst zu suchen. Das bedeutet, sich seinem Wunsch nach Nähe und der eigenen Angst vor Abhängigkeit genauso bewusst zu werden wie dem Verlangen nach Autonomie und der Verlassenheitsangst.

Nicht nur der andere fürchtet sich vor Abhängigkeit und sucht daher die Distanz in seiner Eigenständigkeit, auch ich tue es. Nicht nur ich suche die Nähe, weil ich Angst habe, verlassen zu werden, sondern es ist auch Teil des seelischen Erlebens des anderen. Erst jetzt bringen wir Verständnis für die Bedürfnisse des Partners/der Partnerin auf und erleben »am eigenen Leibe«, dass Eigenständigkeit keineswegs bedeutet, den anderen zu verlassen, sondern eigene Vorstellungen zu verwirklichen. Das bereichert das Zusammensein, statt es durch die Kränkung zu zerstören.

Die andere wird mit ihm glücklich

Wir erleben häufig starke Kränkungsreaktionen bei getrennten Partnern, wenn einer von beiden eine neue Beziehung eingeht. Auch wenn die Trennung schon Jahre oder Jahrzehnte zurückliegt, kann es schmerzen, dass der Partner mit einer neuen Partnerin (oder umgekehrt) glücklich wird. Das trifft nicht nur für denjenigen zu, der verlassen wurde, sondern auch für den, der damals die Beziehung aufgekündigt hat.

So, wie bei einem Paar, das seit 15 Jahren getrennt lebt und vor zehn Jahren auf ihren Wunsch hin geschieden wurde. Sie kommt mit der Situation nicht zurecht, dass er seit Jahren wieder glücklich verheiratet ist. Es sitzt immer noch wie ein Stachel in ihr. Auf die Frage, ob sie wieder mit ihrem ehemaligen Mann zusammenleben wolle, sagt sie eindeutig »Nein«. Denn sie spürt, dass ihre Liebe zu diesem Mann schon seit vielen Jahren erloschen ist. Aber warum kränkt es sie dann heute noch, wenn ihre Kinder, bereits selbst erwachsen und verheiratet, sich bei ihrem Vater und seiner jetzigen Frau ebenso wohl fühlen wie bei ihr? Vielleicht, weil sie es nicht aushält, dass eine andere mit dem Mann glücklich geworden ist, dem sie den Laufpass gab?

Wo sind all seine Fehler, die sie nicht mehr an ihm ertragen konnte? Hat er sich so verändert? War sie vielleicht schuld daran, dass er so unachtsam und muffelig war? Ist die andere Frau so viel liebenswerter, dass er plötzlich ein wunderbarer Partner ist, mit dem es sich gut zusammenleben lässt?

All diese Fragen und Selbstzweifel sind Ausdruck der Angst, als Frau versagt zu haben, wo offensichtlich eine andere Frau erfolgreich ist. Das Glück der neuen Beziehung beweist, dass es mit diesem Mann hätte gut gehen können. Also muss es an ihr gelegen haben, dass es nicht klappte.

Selbstvorwürfe und Selbstzweifel nagen stark am Selbstwertgefühl und wirken wie Kränkungen, nur dass sie nicht von anderen, sondern von einem selbst kommen. Menschen kränken sich selbst, indem sie sich abwerten und ihre Wichtigkeit für sich und andere herunterspielen. Oder sie stellen Erwartungen an sich, die so hoch sind, dass sie nicht erfüllbar sind. Diese Selbstkränkungen sind nicht weniger wirksam als Kränkungen durch andere und führen dazu, dass die Betroffenen nicht in Frieden mit sich sind.

Dadurch kann aber auch kein Frieden mit dem geschiedenen Ehemann und seiner jetzigen Frau entstehen. Das wiederum beinhaltet ein Kränkungspotenzial gegenüber dem Mann und der neuen Frau, die sich vermutlich abgelehnt und ausgegrenzt fühlen. Im Laufe der Jahre kann diese Haltung zu einem tiefen Graben zwischen allen Beteiligten führen, verbunden mit etlichen gegenseitigen Verletzungen.

Was können Sie in einer solchen Situation tun?

>> Sie sollten sich nicht mit der neuen Frau vergleichen, weil ein solcher Vergleich keinem gerecht wird.

>> Wenn Sie ihm sein Glück gönnen, befreien Sie sich von Neid und Eifersucht.

>> Zum Misslingen einer Beziehung tragen beide Seiten bei, nicht nur Sie.

>> Das Ende der Selbstabwertung beendet die Selbstkränkung.

>> Stärken Sie Ihr Selbstbewusstsein als Frau.

>> Durch eine kränkungsfreie Beziehung zu ihrem Ex-Mann können Sie einen Freund gewinnen.

Süchte – Schutz vor neuen Kränkungen

Süchte können Ausdruck tiefer Kränkungserfahrungen und einer damit verbundenen Abwendung vom Leben sein. Mit Alkohol, Drogen, übermäßigem Essen, Erbrechen, Hungern, süchtigem Spielen, Fernsehen, Arbeiten, Sex- und Beziehungssucht sowie süchtigem Internetsurfen können Menschen »aussteigen«. Dahinter steht der Wunsch, sich vor weiterer Kränkung zu schützen. Nach dem Motto: Lieber sich abwenden, als wieder gekränkt zu werden. Das, was ihnen das Leben scheinbar verweigert, holen sie sich über gieriges Einverleiben materieller Dinge und Handlungen. Doch das Risiko ist hoch: Einsamkeit, Abhängigkeit, Krankheit, Unglücklichsein, Misstrauen, chronisches Gekränktsein bis hin zum Suizid können der Preis sein.

Hinter dem kategorischen Nein gegen die Welt und gegen das Leben steht ein verweigernder Trotz. Wer Trotz kennt, weiß, wie stark er sein kann. Der Gekränkte wendet sich ab, spielt nicht mehr mit, will von alledem nichts wissen und verweigert sich.

So war es auch bei Gabriele, die seit vielen Jahren unter einer schweren Bulimie (Ess-Brechsucht) litt. Im Laufe der Psychotherapie wurde deutlich, dass sie sich durch das Leben enttäuscht und gekränkt fühlte und sich deshalb vom Leben und seinen Spielregeln abwandte. Sie entwickelte eine Grundhaltung, nicht anerkennen zu wollen, dass die Gesetzmäßigkeiten des Lebens auch für sie Geltung haben. In der Folge wollte sie immer etwas anderes, ein eigenes Süppchen kochen und stieg trotzig aus, wenn es zu schwierig wurde oder sie nicht bekam, was sie wollte.

Ihre Haltung war vergleichbar mit der Bestellung in einem Lokal: »Ich möchte einen Salat, aber nicht so, wie er auf der Karte steht, sondern ohne Schinken, dafür mit Käse und Tomaten, die aber auf einem extra Teller und die Salatsoße gesondert in einem Schälchen. Ja, und auf keinen Fall Knoblauch, darauf reagiere ich allergisch.« Wenn der Ober dann sagt, dass das nicht geht, sagt sie nicht: »Dann bringen Sie mir den Salat so, wie er ist, ich suche mir heraus, was mir schmeckt«. Nein, sie sagt: »Dann esse ich gar nichts.« Das heißt übersetzt: Entweder es läuft nach meinen Bedingungen und Regeln oder ich mache nicht mehr mit, bleibe lieber hungrig als zu nehmen, was da ist. Auf diese Weise blieb sie wirklich hungrig, was auch Ausdruck ihrer Ess-Störung war.

Die Kränkung liegt darin, dass sie zu hohe Erwartungen an die Welt und andere Menschen stellt und auf diese Weise ständig enttäuscht wird. Die Aggression als Reaktion auf die Enttäuschung richtet sie gegen sich selbst in Form von Beschimpfung, schlecht mit sich umgehen, exzessiv essen und erbrechen. Nach außen hin zeigt sie sich trotzig und abwertend.

Das Nein in ein Ja zum Leben und zur Welt zu verändern beginnt mit der Bereitschaft, sich auf die Bedingungen des Lebens einzulassen und zu erleben, dass so viel mehr da ist, als sie glaubt. Denn auch in einem Salat, der nicht dem Ideal entspricht, sind Teile enthalten, die schmecken. Auch wenn das Leben anderes bietet, als sie gerade sucht, kann es wertvoll für sie sein, danach zu greifen, statt völlig leer auszugehen.

Die süchtige Haltung

>> Suchterkrankungen entstehen oft auf dem Hintergrund früher Kränkungserlebnisse.

>> Süchtige haben in der Regel das Gefühl, dass ihnen das Leben etwas schuldig geblieben ist und sie zu kurz gekommen sind.

>> Die Folgen sind Enttäuschung und trotzige Verweigerung des Lebens.

>> Ihre Haltung ist: »Da mach ich nicht mit.«
»Lieber wende ich mich ab, als erneut gekränkt zu werden.«

>> Sich mit Süchten aus der Realität zu stehlen, gibt die Illusion, vor neuen Kränkungen gefeit zu sein.

Die Lösung

>> Sucht ist keine Lösung, sondern eine Krankheit.

>> Sucht drückt die Suche nach Erfüllung und Sinn aus. Trotz und Verweigerung sind die Gegenspieler.

>> Mit dem Trotz schaden Sie sich mehr als anderen, weil Sie am Ende leer ausgehen.

>> Machen Sie sich klar, dass die Regeln auch für Sie gelten, Sie aber Einfluss darauf haben, dass es förderliche Regeln sind.

Unsere Liebe wird zurückgewiesen

Die Zurückweisung unserer Liebe ist ein wesentliches Thema, wenn wir uns mit Kränkungen beschäftigen. Darüber sind schon etliche Sachbücher geschrieben worden, sie ist Inhalt von vielen Kriminal- und Liebesromanen, von Filmen, Märchen und Sagen, täglichen Zeitungsberichten und Einträgen in Tagebüchern. Jeder von uns hat sie erfahren und wir werden immer wieder mit neuen Zurückweisungen konfrontiert. Wenn wir lieben und nicht wieder geliebt werden, kann uns das so stark kränken, dass wir jemanden umbringen, uns selbst töten, uns verletzen, aus der Bahn geworfen werden oder den Boden unter den Füßen verlieren und nicht mehr bei uns sind.

Die Kränkungsreaktion bei der Zurückweisung durch einen geliebten Menschen trifft uns besonders stark, da wir auf Verletzungen durch uns vertraute Menschen viel heftiger reagieren als durch Menschen, die uns nicht so nahestehen. Denn jenen unterstellen wir, dass sie es gut mit uns meinen und uns daher nicht zurückstoßen. Die Zurückweisung kann in diesen Fällen eine sehr starke Kränkungsreaktion mit einer hohen Irritation des Selbstwertgefühls bewirken. Und zwar dann, wenn sie unsere Minderwertigkeitsgefühle aktiviert und die mit ihr verbundene Botschaft: »Du bist nicht liebenswert, nicht begehrenswert, nicht gut genug.« Mit einem geschwächten Selbstwertgefühl können wir dann daraus machen: »Ich bin nichts wert; ich bin überflüssig.« Wenn es uns jedoch gelingt, in einer solchen Situation an unsere Selbstachtung anzuknüpfen, mit uns, unseren Gefühlen und Bedürfnissen in Kontakt zu kommen, und uns selbst zu unterstützen, stärken wir unseren Selbstwert und können konstruktiver, wenn auch sehr schmerzvoll, mit der Zurückweisung umgehen.

An einem Beispiel möchte ich Ihnen das deutlich machen. Es hatte gewaltig gefunkt, als Hanne und Bernd das erste Mal zusammen ausgingen. Die Spannung zwischen ihnen hätte glatt eine Glühbirne zum Leuchten gebracht. Sie genossen die gegenseitige Anziehung, und sie verliebte sich in ihn. Doch nach einigen

Wochen signalisierte er eine Reserviertheit, die sie beunruhigte. Auf die Frage, was los sei, antwortete er: »Ich bin nicht in dich verliebt.« Für sie war das ein heftiger Schlag, auch wenn sie schon eine Veränderung an ihm gespürt hatte. Sie verstand ihn nicht und reagierte mit starker Traurigkeit. Diese Traurigkeit half ihr, nicht in die Kränkung zu gehen und beispielsweise mit Vorwürfen oder Anschuldigungen zu reagieren. Sie vereinbarten einen vorübergehenden Abstand, um später wieder in Kontakt zu treten. Nun passierte das, was in der Regel in Kränkungssituationen geschieht: Bei ihr tauchten alte Geschichten auf, die mit Zurückweisung zu tun hatten und ihre Traurigkeit verstärkten. Sie spürte, dass sie nicht nur über die aktuelle Enttäuschung weinte, sondern auch noch über anderes, auch wenn sie nicht genau wusste, worüber.

Zum Teil war es Angst, verlassen zu werden, Trauer, ihn zu verlieren, Verzweiflung, warum immer ihr so etwas passiert und das Bedürfnis, mit anderen Frauen zu sprechen und sich Rat und Unterstützung zu holen. Das tat sie dann auch. Was sie bei all dem zusätzlich unterstützte, war die Erfahrung, dass er ihr wohl gesonnen war und so konnte sie es ihm gegenüber auch sein. Kein Hass vergiftete zusätzlich ihr Gefühl. Allmählich spürte sie eine immer größere Ruhe und Zentrierung in sich.

Nach einigen Tagen sprachen sie über das, was geschehen war. Sie versuchte ihm zu erklären, was sie fühlte, fand jedoch nur ein Bild für ihren Zustand:

»Meine Verliebtheit fühlt sich an, als schwimme ich in einem tosenden Meer. Deine Aussage, du bist nicht verliebt in mich, ist wie eine große Welle, die mich packt und auf den Strand schleudert. Das tut sehr weh, weil man sich dabei die Haut aufschürft. Aber es hat auch etwas Gutes. Es ist, als komme ich wieder bei mir an, kriege wieder Boden unter den Füßen, wo ich ihn vorher verloren hatte.« Er reagierte mit großer Erleichterung, da er sich entlastet fühlte und konnte nun seine positiven Gefühle ihr gegenüber ausdrücken. Indem sie bei sich angekommen war, konnte er ihr näher kommen, da er nicht länger befürchten musste, die Verantwortung für ihr Wohlbefinden übernehmen zu müssen, wie es vorher der Fall war.

Wenn unsere Liebe zurückgewiesen wird, haben wir oft das Gefühl, als Frau (oder als Mann) entwertet zu sein. Am Ende eines Vortrags über Kränkungen fragte eine Frau, wie sie damit umgehen könne, wenn sie in späteren Jahren von ihrem Mann gegen eine Junge ausgetauscht würde. Sie sprach nicht von Trennung oder Verlassenwerden, sondern von Austausch: als würde sie wie ein alter ausgedienter Motor durch einen neuen ausgetauscht werden, der schneller läuft. Hinter einem solchen Bild steht kein selbstbewusstes, sondern ein verletztes, entwertetes Frauenbild, zugleich aber auch ein negatives Bild vom gefühllosen, egoistischen Mann. Das Aufrechterhalten der weiblichen Würde ist daher ein wichtiges Ziel, das Frauen nach einer Zurückweisung nicht aus dem Auge verlieren dürfen. Denn auch ohne den Mann sind sie wertvoll und nicht weniger wert als mit ihm. Außerdem ist es notwendig, das negative Männerbild zu revidieren, da nicht alle Männer nur schlecht sind, wenn sie ihre Frau verlassen.

Für den Mann gilt umgekehrt: Welches Bild habe ich von mir als verlassenem Mann und von Frauen im Allgemeinen?

Ähnliches trifft für die Situation in gleichgeschlechtlichen Beziehungen zu. Die Trennung aktiviert einerseits eigene Selbstzweifel und Minderwertigkeitsgefühle, andererseits stellt sie das Bild des Partners oder der Partnerin infrage. Werden Erwartungen von Einfühlung und Kontaktbedürfnis nicht erfüllt, kann es leicht zum Vorwurf an die weibliche Freundin kommen: Die verhält sich ja wie ein Mann.

Für einen Mann kann es eine tiefe Kränkung seiner Männlichkeit bedeuten, von einer Frau wegen einer anderen Frau verlassen zu werden, wie es bei Artur war. Es verletzte ihn nicht nur, dass seine Frau sich von ihm trennte, sondern darüber hinaus, dass sie eine Frau liebte. Er verarbeitete das als persönliche Entwertung, dass er als Mann nicht genüge, für sie keinen Wert habe. Für ihn stellte sich damit ihre gesamte Beziehung infrage: »Was war ich denn für sie die ganze Zeit? Was hat sie mir vorgemacht?

Wer war sie wirklich? Stimmten ihre Gefühle überhaupt, die sie für mich hatte oder war alles eine Lüge?« In seiner Kränkung schlug er zurück und nannte sie den Abschaum der Menschheit. Er konnte diese Form der Entwertung nicht ertragen, obwohl sie ihre neue Liebe nie als eine Entwertung ihres Mannes erlebte. Doch glauben konnte er ihr nicht.

Mitunter wiederholen sich im Erwachsenenalter die Formen der Zurückweisung, die wir in der Kindheit erlebt haben. So erzählte mir eine Freundin folgende Geschichte: Immer, wenn ihre Mutter böse auf sie war, drehte sie das Foto ihrer Tochter um und stellte es erst wieder richtig auf, wenn der Konflikt beendet war. Das konnte jedoch einige Zeit dauern. Für Angelika war das umgedrehte Foto ein Zeichen größter Ablehnung und Zurückweisung. Als sie mit 35 Jahren eine Beziehungskrise mit ihrem Freund hatte, kam sie eines Abends nach Hause und sah ihr Foto umgedreht auf dem Tisch liegen. Es durchfuhr sie wie ein Blitz und verletzte sie tief. Und das, was sie damit verband, trat auch ein, sie trennten sich einige Wochen später. Vergessen hat sie diese Szene bis heute genauso wenig wie die Kränkung durch ihre Mutter, einfach umgedreht zu werden, als existiere sie nicht mehr. Von jemandem ignoriert werden trifft uns tief in unserer persönlichen Würde.

Der Schmerz des Ungeliebtseins

>> Sie lieben und werden nicht wieder geliebt oder Sie
werden verlassen.

>> Sie reagieren mit den unterschiedlichen Formen seelischer
Erschütterung von Gewalttätigkeit bis zur Selbstzerstörung
oder tiefen Verunsicherung.

>> Sie sind in Ihrem Selbstwert erschüttert und fühlen sich
als Frau (Mann) abgelehnt und entwertet.

Wie können Sie reagieren?

>> Lassen Sie Ihre Gefühle zu, die durch die Zurückweisung
auftauchen.

>> Atmen Sie ruhig und bewusst tief ein und aus.

>> Holen Sie sich Unterstützung.

>> Werten Sie sich und den anderen / die andere nicht ab.

>> Unterlassen Sie böse Unterstellungen, die nicht der Realität
entsprechen.

>> Nehmen Sie sich eine Auszeit, so lange wie Sie sie brauchen
und ordnen Sie Ihre Gefühle und Gedanken.

>> Gehen Sie dann wieder in Kontakt und reden Sie über das,
was zwischen Ihnen passiert.

>> Entwickeln Sie Verständnis für einander.

>> Lassen Sie sich von Beratern, Therapeuten, Mediatoren
helfen, wenn Sie es allein nicht schaffen.

>> Behalten Sie Ihre Achtung als Frau und Mann.

Vorurteile können kränken

In einem Artikel in der *Süddeutschen Zeitung* (24.02.2012) konnte man lesen, welche Vorurteile noch immer in unserem Land zu finden sind. Hier ein kurzer Auszug aus dem Text, der Sie vielleicht ebenso berührt wie mich:

Am Montag, dem 20.2.2012 saßen der Erzieher Gökan Akgün, ein Grundschullehrer und ein gutes Dutzend zehn- bis elfjährige Schüler einer fünften Klasse in der S-Bahn auf dem Weg zum Bowling. Es war schulfrei, weil Rosenmontag war. Die Schüler, von denen die meisten einen Migrationshintergrund haben, freuten sich auf das Bowlen. Zwischen den Stationen Ostbahnhof und Alexanderplatz wich die Freude einer Verstörung. Ein deutscher Mann und eine deutsche Frau beschimpften die Gruppe. »Nur noch Ausländer, wo man hingeht«, zischte die Frau. »Geht doch nach Hause!« Der Mann fand: »Vergasen sollte man Leute wie euch. Früher hat man Leute wie euch nach Auschwitz verfrachtet!« Gökan Akgün und der Grundschullehrer waren fassungslos. Die Kinder wussten gar nicht, was mit Auschwitz gemeint war. Und sie verstanden auch nicht, dass sie nach Hause gehen sollten. »Aber Herr Akgün«, sagte ein Mädchen, »wir sind doch hier zu Hause«.

Alle haben gehört, was die beiden Deutschen gesagt haben, aber niemand in der S-Bahn hat reagiert. Der S-Bahn-Fahrer, den Gökan Akgün alarmierte, wollte die Fahrt nicht unterbrechen, um die Polizei zu rufen.

Auch beiläufige Kränkungen, scheinbar unwesentliche Diskriminierungen von Völkern, Rassen, Geschlechtern, Religionen, Berufen, Behinderten und Fremden haben sich in unserem Denken und Alltagshandeln festgesetzt. Vorurteile bestimmen unser aller Leben; Vorurteile, die wir anderen gegenüber haben und die wir selbst an uns erleben. Der Hinweis einer nötigen Korrektur am Fensterschloss in meiner Praxis, die Jahre lang nicht ausgeführt wurde, wurde bei der Besichtigung durch den männlichen Nachmieter vom Verwalter mit den Worten quittiert: »Wird sofort erledigt«. Mir, als Frau, fehlten die Worte.

Bei einer Umfrage im Fernsehen antwortete die Mehrzahl der befragten Personen auf die Frage: »Haben Sie Vorurteile?« mit »Nein«. Es scheint äußerst peinlich zu sein, öffentlich einzugestehen, Vorurteile zu haben, weil man sich damit schnell einem erneuten Vorurteil aussetzt: Rassist, Kinder- oder Frauenhasser, Spießer und dergleichen. Vielleicht verschweigen und leugnen die meisten Menschen deshalb ihre Vorurteile. Dadurch bleiben sie jedoch im Verborgenen und entziehen sich einer nötigen Korrektur. Denn nur, wenn wir ein Klima schaffen, in dem wir die Erlaubnis bekommen, uns unsere Vorurteile einzugestehen, über sie nachzudenken, uns mit anderen darüber auszutauschen und sie an der Realität zu überprüfen, verlieren sie ein Stück ihrer Destruktivität und können im besten Fall verändert werden.

In Selbsterfahrungs- oder Therapiegruppen, in denen sich die TeilnehmerInnen nicht kennen, ist es eine bewährte Übung, jeder Person zu Beginn genügend Zeit zu geben, ihre Vorurteile den anderen Gruppenmitgliedern gegenüber aufzuschreiben und am Ende der Gruppensitzungen zu überprüfen, ob und wie sie sich verändert haben. Es kommen erstaunliche Dinge dabei heraus. Das Wichtigste an dieser Übung scheint mir zu sein, dass die Bedeutung der Vorurteile abnimmt, wenn sie da sein dürfen und sie sich durch den realen Kontakt zum Teil oder gänzlich überflüssig machen.

Vorurteile öffentlich einzugestehen ist für die meisten äußerst peinlich.

Wie können Sie mit Ihren Vorurteilen umgehen?

>> Unbekanntes macht nicht nur neugierig, sondern auch ängstlich und unsicher und führt häufig zu Vorurteilen.

>> Ihre ungeprüften, negativen Vorurteile sind Kränkungshandlungen, die andere verletzen können.

>> Gestehen Sie sich Ihre Vorurteile ein und teilen Sie sie Menschen Ihres Vertrauens mit.

>> Der beste Weg, Vorurteile zu überwinden, ist der direkte Kontakt mit dem Fremden und die dabei gemachten positiven Erfahrungen.

>> Manche Vorurteile bewahrheiten sich in der Realität und werden so zu Urteilen, andere werden überflüssig.

Kränkungsleichen leben lange

Das Ende einer Kränkungssituation ist in vielen Fällen der Beziehungsabbruch. Wir wollen mit »so einem Menschen, der uns so was Schlimmes angetan hat«, nichts mehr zu tun haben. Der ist für uns gestorben. Und im psychologischen Sinne stimmt das auch. Wir kappen die Beziehung, nehmen keinen Kontakt mehr zu diesem Menschen auf und verfrachten ihn als Kränkungsleiche in den Keller. Auf diese Weise hoffen wir, ihn los zu sein. Doch weit gefehlt! Die Leichen sind nicht tot. Das merken wir spätestens in dem Moment, wenn wir den Namen dieser Person hören. Dann kommen alle alten Gefühle wieder hoch, der ganze Ärger, die Enttäuschung und die Abwehr gegen diesen Menschen. Anderen gegenüber fangen wir an, über ihn zu schimpfen und beklagen uns, was er uns angetan hat. Dinge, die wir ihm in dieser Art sicher nicht direkt gesagt haben. Wann auch, der Kontakt war ja schon abgebrochen und ein klärendes Gespräch gar nicht unsere Absicht. Auf diese Weise bleiben wir negativ mit diesem Menschen verbunden.

Wie viel seelische Energie eine Kränkungsleiche kostet, merkte ich, als ich eine ehemalige Freundin traf, die ich auch in den Keller verbannt hatte. Sie kam auf mich zu, gab mir die Hand und begrüßte mich. In diesem Moment spürte ich eine große Erleichterung in meinem Herzen, obwohl sich an dem alten Konflikt nichts geändert hatte. Das war auch nicht das Wesentliche. Wichtiger war, dass die Kränkungsleiche nun geborgen war und ich mich jetzt von dieser Frau im Guten trennen konnte.

Auch wenn wir mit ehemaligen Kränkungsleichen keine Beziehung mehr haben wollen, ist es dennoch wichtig, sie zu bergen, damit wir uns loslösen können. Die Methoden dazu sind vielfältig. Sie können mit dieser Person direkt Kontakt aufnehmen und das Problem ansprechen. Wollen Sie das nicht oder ist die Person nicht mehr erreichbar, dann können Sie denselben Dialog mit ihr in der Vorstellung führen. Sie setzen sie dazu Ihnen gegenüber auf einen Stuhl und sprechen alles aus, was Sie belastet. Sie können dann auch den Platz von ihr einnehmen und sich als diese Person antworten. Es kommen dabei spannende Dinge heraus.

Ist Ihnen auch das noch zu persönlich, können Sie einen Brief schreiben, den Sie entweder an die Person adressieren, in der Hoffnung auf eine Antwort, oder Sie verfassen ihn nur für sich, behalten ihn oder verbrennen ihn sogar, wenn Sie sich verabschiedet haben.

Bergen Sie Ihre Kränkungsleichen

>> Kränkungsleichen kosten viel psychische Energie.

>> Bergen Sie die Kränkungsleichen, indem Sie
mit dieser Person direkt oder vorgestellt in Kontakt
treten.

>> Das Ziel ist die Ablösung und Trennung im Guten.

>> Ich lasse dich wie du bist und verfolge dich nicht
mehr mit meinen negativen Gedanken.

>> Dadurch entsteht Versöhnung und Friede.

Wenn wir andere kränken

Nimm's bitte nicht persönlich

Um Kränkungen beim anderen von vornherein zu vermeiden, leiten wir Kritik oder Feedback oft mit den Worten ein: »Nimm's bitte nicht persönlich« oder »Nimm es mit bitte nicht übel, aber ich muss dir mal sagen …«. Wir gehen davon aus, dass unser Gegenüber über das, was wir sagen, ärgerlich oder gekränkt sein könnte und bieten ihm eine Brücke, sich nicht schlecht fühlen zu müssen. Wir möchten dem anderen vermitteln, dass wir ihn nicht verletzen wollen. Diese beschwichtigenden Sätze sind einerseits Botschaften an den anderen, die für einen kränkungsfreien Kontakt hilfreich sind, sie bedeuten aber auch eine Art Absolution für uns: »Wenn ich schon sage, dass ich es nicht böse meine, brauche ich mich auch nicht schlecht oder schuldig zu fühlen«. Wir signalisieren dem anderen dadurch aber auch unser Einfühlungsvermögen, indem wir eine mögliche Verletzung bei ihm vorweg nehmen. Wenn wir Glück haben, fühlt sich der andere dadurch gesehen und in seinem Selbstwertgefühl gestärkt.

Doch ob wir mit unserer Beschwichtigung Erfolg haben, ist ungewiss, denn wir haben es ja nicht in der Hand, ob der andere unsere guten Absichten auch wirklich erkennt oder gleich dicht macht. Eine Kränkungsreaktion können wir beim anderen nie unter Garantie vermeiden, egal wie einfühlsam und vorsichtig wir auch sind. Denn ob die andere Person durch uns gekränkt ist oder nicht, liegt nicht in unserer Verantwortung, sondern bei ihr. Wie sie unser Verhalten interpretiert, können wir nicht wesentlich beeinflussen. Wir können uns lediglich bemühen, mit jemandem achtungsvoll umzugehen, ihn nicht abzuwerten, zu missachten, auszugrenzen, verbal zu attackieren oder sein Selbstwertgefühl anderweitig zu schädigen. Umgekehrt ist die Wahrscheinlichkeit jedoch sehr hoch, dass wir durch entwertendes oder missachtendes Verhalten die andere Person kränken. Dennoch liegt es in deren Verantwortung, ob sie die Entwertung annimmt oder nicht, wie ich es schon im Zusammenhang mit dem Zitat von Morgan Freeman (S. 17) erwähnte.

Deshalb möchte ich nochmal darauf hinweisen, dass die Aussage »Du hast mich gekränkt« ersetzt werden sollte durch »Ich fühle mich durch dich gekränkt«. Auch von dem Kränkenden zu sprechen ist im Grunde nicht korrekt. Genauer wäre: jemand, durch den sich andere gekränkt fühlen. Der Einfachheit halber jedoch, und weil es in unserem Sprachgebrauch verankert ist, verwende ich den Begriff des Kränkenden trotzdem.

Die Erfahrung, jemanden gekränkt zu haben

Die Rolle des Kränkenden ist uns oft weniger bewusst als die des Gekränkten, vielleicht, weil wir als Kränkende einen größeren emotionalen Abstand zum Geschehen herstellen können, als wenn wir die sind, die verletzt werden. Auf der anderen Seite denken viele Menschen bei dem Wort Kränkung eher daran, jemanden gekränkt zu haben, als gekränkt zu werden. Also scheint auch die Rolle des Kränkenden nicht spurlos an uns vorüberzugehen. Die erste Empfindung, wenn sich jemand durch uns gekränkt fühlt, sind Schuldgefühle und die Anklage »Ich hab was falsch gemacht.« Wir erschrecken, dass wir jemanden verletzt haben, obwohl das nicht unsere Intention war, oder wir werden ärgerlich, weil unser Gegenüber so empfindlich ist. Wir versuchen, den Gekränkten zu beruhigen und uns zu entlasten: »Nun reg dich doch nicht auf, ich hab das nicht so gemeint«. Doch die Kränkung ist beim anderen schon angekommen und wir können nur noch hoffen, die Heftigkeit der Reaktion abzuschwächen.

Das Verhalten des Gekränkten wirkt oft wie eine Kränkung für uns, besonders dann, wenn sie für unser Empfinden sehr heftig ausfällt, wir sie nicht verstehen, sie unseren eigenen wunden Punkt trifft oder uns in einem schlechten Licht dastehen lässt. Wir sind dann verletzt, fühlen uns missverstanden, zurückgewiesen, schuldig, minderwertig, ärgerlich und tendieren dazu, die Beziehung abzubrechen. An folgendem Beispiel sehen wir, dass unsere Empfindungen in der Rolle des Kränkenden ähnlich sein können wie in der des Gekränkten.

Ich verbrachte bei Freunden, die auch Therapeuten sind, einen wunderschönen Sommertag im Garten. Wir unterhielten uns darüber, was wir beruflich machen würden, wenn wir keine Psychotherapeuten wären. Jörg, der gerne isst und kocht, meinte, er würde ein Gourmetlokal eröffnen. Als er später die Tomaten für den Salat schnitt, sagte ich scherzhaft: »Wenn du ein Gourmetlokal hast, dann musst du aber das Auge aus der Tomate schneiden.« Von mir war es nicht böse gemeint, und es war nicht meine Absicht, ihn zu maßregeln, stattdessen wollte ich witzig und hilfreich sein. Doch als ich in sein Gesicht schaute, das sich sogleich verdunkelte, merkte ich an seinem düsteren Blick, dass er mich gar nicht lustig fand, sondern ich ihn gekränkt hatte. Ich war von seiner Reaktion völlig überrascht, denn ich kannte ihn als unkompliziert und hätte nicht angenommen, dass ihn meine Bemerkung verletzen könnte. Erschrocken über die Heftigkeit seiner Ablehnung beschloss ich, mich vorübergehend zurückzuziehen, was das einzig Richtige war. Ich nutzte die Distanz, um mich innerlich zu ordnen. Dabei spürte ich, dass ich meinerseits gekränkt war, da ich mich von ihm missverstanden und verurteilt fühlte, als hätte ich etwas Schlimmes angerichtet. Es irritierte mich, dass er über etwas böse war, das freundlich gemeint war. So eine Reaktion hatte ich nicht verdient. Ich schwankte nun zwischen zwei Impulsen, einmal die Schuld bei mir zu suchen und zum anderen ihn für seine Zurückweisung zu kritisieren. Zugleich kam ich mit meinen eigenen Themen und wunden Punkten in Kontakt, etwas falsch gemacht zu haben, dadurch den Frieden zu stören und abgelehnt zu werden. Erst mit der Zeit begriff ich, dass seine Reaktion vielleicht mehr mit ihm zu tun hat als mit meiner Bemerkung, was dann letztendlich stimmte. Es gelang mir, mich zu beruhigen und weder mich noch ihn abzuwerten. Ich konnte mich so lassen wie ich war, hatte keinen Druck, verstanden werden zu müssen oder alles wieder gut zu machen. Und ich musste ihn nicht entwerten, weil er meinen Scherz nicht verstand. Ich konnte mein Selbstwertgefühl aufrechterhalten, auch auf die Gefahr hin, dass er mich für blöd hielt, was er jedoch nicht tat. Der anschließende Kontakt war dann unproblematisch und kränkungsfrei.

Ich habe das Beispiel so ausführlich beschrieben, um Ihnen deutlich zu machen, was alles in unserer Seele und unserem Kopf abläuft, wenn wir jemanden gekränkt haben. Das Muster bleibt gleich, egal ob es sich um große oder kleine Kränkungen handelt. Wenn wir den Ablauf unserer Gedanken, Einstellungen und Gefühle bewusst wahrnehmen, haben wir die Möglichkeit, vernünftig zu handeln und müssen nicht emotionsgesteuert um uns schlagen.

Regina, eine Klientin von mir, rief mich an und sagte wie aus heiterem Himmel, sie wolle die Therapie beenden. Ich konnte mir nicht erklären warum und wollte den Grund wissen. Wir vereinbarten einen nochmaligen Termin, bei dem wir alles besprachen. Es stellte sich heraus, dass sie sich gekränkt fühlte, als sie nach der letzten Stunde auf dem Flur einer anderen Patientin von mir begegnete. Und das geschah nur deshalb, weil ich die Stunde nicht pünktlich beendet hatte. Das Problem für Regina war weniger die Begegnung an sich, als mehr die Tatsache, dass die andere schlanker, daher in ihren Augen attraktiver und somit liebenswerter war. Sie dachte, ich müsse die andere selbstverständlich mehr mögen als sie und dann könne sie gleich wegbleiben. Zum Glück blieb sie nicht einfach weg, sondern gab uns die Chance, den Kränkungskonflikt zu lösen. Das gelang dadurch, dass Regina sich ihrer Gekränktheit bewusst war und sich mit mir auseinandersetze. Indem sie ihre Kränkung offen ansprach, konnte ich meine Sicht darstellen und ihr erklären, dass sich die Situation für mich ganz anders darstellt, dass ich sie mag und gerne mit ihr arbeite. Letztlich führten wir die Therapie fort, die später erfolgreich endete.

Häufig fühlen wir uns ohnmächtig und hilflos, wenn wir die Verursacher der Kränkung des anderen sind. Zumal, wenn wir keine Chance bekommen, deutlich zu machen, dass es nicht unsere Absicht war, zu kränken, weil wir den Gekränkten nicht mehr sprechen können oder er auf kein Gespräch oder keine Entschuldigung eingeht. Dann lässt sich das Problem nicht lösen und wir fühlen uns allein gelassen. Betrifft es einen Menschen, der uns wichtig ist, dauert es oft lange, bis wir wieder mit uns ins Reine kommen, die Selbstvorwürfe beenden und mit uns versöhnt sind.

Die Reaktionen des Kränkenden

>> Im ersten Moment erschrecken Sie, fühlen sich schuldig und bedauern Ihr Verhalten.

>> Reagiert der andere gekränkt, kann Sie das Ihrerseits kränken, wenn Sie sein Verhalten nicht verstehen, sich missverstanden und zurückgewiesen fühlen oder an Ihrem wunden Punkt getroffen sind.

>> Um Kränkungen bei Ihrem Gegenüber zu vermeiden, schicken Sie eine Entschuldigung oder Ihre guten Absichten voraus.

>> Kränken Sie jemanden, ohne es zu merken, haben Sie das Bedürfnis, die Angelegenheit richtig zu stellen.

>> Haben Sie keine Gelegenheit dazu, bleiben Sie mit Ihrem Problem allein und es kann lange dauern, bis Sie wieder mit sich versöhnt sind.

Was Ihnen hilft

>> Nehmen Sie sich eine Auszeit, gehen Sie so lange auf Distanz, wie es für Sie gut ist.

>> Distanz bedeutet nicht Beziehungsabbruch, sondern Rückzug, mit der Möglichkeit, wiederzukommen.

>> Klären Sie in dieser Zeit Ihre Gefühle, Ihre Gedanken und Ihre Reaktion auf Ihr Gegenüber.

>> Versuchen Sie, ein Verständnis für sich und den anderen zu entwickeln.

>> Versuchen Sie zu klären, was Ihr Gegenüber verletzt hat, wie viel Schuld Sie trifft und welches Missverständnis eventuell vorliegt.

>> Machen Sie umgekehrt klar, was Sie gekränkt hat und was Ihre Motivation war, so zu handeln, wie Sie es getan haben.

Kränkungsfallen

Es gibt Situationen, in denen wir fast zwangsläufig kränken, weil wir in eine Falle geraten, die unser Gegenüber aufgestellt hat. Diese sogenannten Kränkungsfallen erkennen wir beim ersten Mal entweder gar nicht oder nur schwer. Sie sind in der Regel auch der anderen Person nicht bewusst und wirken daher solange, bis einer sie erkennt, anspricht und ihre Unlogik aufdeckt.

Die vier häufigsten Kränkungsfallen:

Die erste Falle lautet: »Wie du es machst, ist es falsch.« Eine solche Anweisung, die nie zu erfüllen ist, nennt man »double bind« (Doppelbindung) und ist am besten mit folgendem Beispiel zu erklären:

Eine Mutter schenkt ihrem Sohn zwei Hemden, ein blaues und ein weißes. Der Sohn probiert zuerst das weiße, woraufhin die Mutter sagt: »Und das blaue gefällt dir wohl nicht?« Ebenso hätte sie reagiert, wenn der Sohn zuerst das blaue angezogen hätte. Er kann es ihr nie recht machen, denn was er auch tut, es ist immer falsch. Und sie ist gekränkt, weil sie das Gefühl hat, ihr Sohn missachtet ihr Geschenk. Solche Doppelbindungen können verrückt machen, weil man sich nicht wehren kann und immer schuld ist. Die Folge ist, dass beide ständig gekränkt sind und man sich als ewiger Versager fühlt.

Eine zweite Kränkungsfalle lautet: »Was gestern galt, muss heute noch lange nicht gelten.«

Bei einem Fest müssen noch einige Dinge in der Küche hergerichtet werden und jede Hand ist nützlich. So auch die des Freundes, der im Wohnzimmer sitzt. Doch die Gastgeberin lehnt seine Hilfe ab, da schon drei Personen in der Küche sind und eine weitere in der kleinen Küche zu viel ist. Am nächsten Abend bleibt die eine Freundin von sich aus der Küche fern, weil schon drei darin hantieren. Doch der vorwurfsvolle Blick der Gastgeberin signalisiert ihr, dass es nicht in Ordnung ist, nicht mitzuhelfen. Heute hat die Küche für vier Platz. Hätten Sie das erraten?

Die Falle dabei ist, dass sie sich an eine Regel von gestern hält, die heute nicht mehr gilt und sie dadurch die Gastgeberin kränkt.

Die dritte Kränkungsfalle lautet: »Wenn du mich liebst, dann weiß du, was ich brauche. Gibst du es mir nicht, dann machst du es vorsätzlich und das ist ein Beweis, dass du mich nicht liebst.« Wer so denkt, geht davon aus, dass wir wissen, was der andere braucht und er unterstellt uns Lieblosigkeit, wenn wir es nicht erfüllen. Auf die Idee, wir könnten vielleicht gar nicht ahnen, was er braucht, kommt er nicht. Und schon sitzen wir mit der heißen Kartoffel da, und wenn wir nicht aufpassen, fühlen wir uns schuldig an der Kränkungsreaktion des anderen, obwohl wir gar nicht wissen warum.

Eine vierte Falle ist: »Mach es richtig, aber ich sage dir nicht wie.« Wenn uns jedoch niemand sagt, was falsch und richtig ist, können wir diese Anweisung nicht befolgen, sondern nur nach unserem Maßstab handeln. Unterscheidet er sich von dem des anderen, tappen wir in die Kränkungsfalle.

»Du hast mich nicht angerufen, obwohl es mir so schlecht ging«, beschwert sich Julia. »Du hast mir nicht gesagt, dass du mich brauchst«, kontert Max. »Aber das kannst du dir doch denken, bei dem, was ich erlebt habe.« Eben nicht: Hellseherei gehört nicht zum Alltagskontakt und kann von niemandem verlangt werden.

Kränkungsfallen

>> Es gibt Kränkungsfallen, in die Sie hineinfallen, ohne es zu merken.

>> Sie kränken, wenn Sie sich anders verhalten, weil Sie bestimmte Annahmen und Regeln nicht kennen.

>> Auch Unterstellungen und unhinterfragte Erwartungen können zu Kränkungsfallen werden.

... sind vermeidbar!

>> Die Fallen sind auflösbar, wenn über sie gesprochen werden darf, und sie als Fallen benannt werden können.

>> Übernehmen Sie keine Verantwortung für die Kränkungsreaktion des anderen, wenn Sie in eine Falle getappt sind.

>> Geben Sie die heiße Kartoffel zurück.

>> Machen Sie Ihrem Gegenüber klar, dass Sie nur etwas richtig machen können, wenn Sie die Regeln kennen.

Ich lege jedes Wort auf die Goldwaage

Sind wir mit Menschen zusammen, die leicht kränkbar sind, dann versuchen wir unter allen Umständen vorsichtig mit ihnen umzugehen, um sie nicht unnötig zu verletzen und ihnen Kränkungen zuzufügen. Kennen wir nicht alle die typischen Reaktionen auf sogenannte »Mimosen«? Wir überlegen uns, was wir sagen, in welchem Ton, mit welchen Worten und zu welchem Zeitpunkt. Wir werden ganz vorsichtig, ziehen Samthandschuhe an und schonen den anderen, um ja keine negative Reaktion herauszufordern.

Ich weiß nicht, wie es Ihnen geht, aber ich tappe trotzdem oder vielleicht sogar wegen meiner Vorsichtigkeit meistens in die Kränkungsfalle. Das hat sicher damit zu tun, dass wir in einem solchen Fall unsere Spontaneität verlieren. Wir verkrampfen uns, fühlen uns nicht frei, uns so zu verhalten, wie wir es möchten, sondern kontrollieren uns stark. Um nicht eine erneute Kränkung auszulösen, machen wir lieber alles mit und zeigen gute Miene zum bösen Spiel. Dass darin der nächste Kränkungskonflikt angelegt sein kann, entgeht uns meist. Denn wenn wir unsere Grenzen nur vorsichtig ziehen oder ganz darauf verzichten, wenn wir uns völlig auf den anderen einstellen und uns dabei vergessen, werden wir irgendwann sauer und frustriert. Diese Gefühle zeigen wir nicht offen, trotzdem bekommt sie unser Gegenüber mit durch Gesten, spitze Bemerkungen, Unfreundlichkeit, Genervtsein. Unsere Reaktion kann sogar in Ärger oder blinden Hass umschlagen. Dann nämlich, wenn wir keine Veränderung beim Gekränkten wahrnehmen und immer in die Rolle der Bösen geraten. Im Grunde können wir dann tun, was wir wollen, es kann vom gekränkten Gegenüber immer als unsere Boshaftigkeit oder böse Absicht ausgelegt werden. Dagegen hilft nur eins, sich direkt zu wehren und den Teufelskreis zu durchbrechen. Sonst bleibt uns nur die innere Emigration, bei der wir zwar körperlich anwesend sind, unsere emotionale Beteiligung jedoch schon längst eingestellt haben. Kränkend ist dieses Verhalten allemal, löst den Konflikt jedoch nicht.

Den Umgang mit Mimosen ...

>> Wenn Sie Samthandschuhe im Umgang mit jemand brauchen, stimmt etwas nicht im Kontakt.

>> Wenn Sie eine negative Reaktion vom anderen befürchten, trauen Sie sich nicht mehr, Sie selbst zu sein.

>> Indem Sie mit dem anderen schonend umgehen, stellen Sie ihn in den Mittelpunkt und vergessen sich selbst.

>> Ihren Ärger und Frust zeigen Sie indirekt, was den anderen kränken kann.

... verbessern

>> Goldwaagen sind gut für Gold aber nicht für Worte.

>> Sprechen Sie das Problem direkt an, sagen Sie, wie schwer für Sie der Kontakt wird.

>> Fragen Sie nach, was Ihr Gegenüber so verletzlich macht und was es braucht.

>> Trauen Sie sich, bei sich zu bleiben und authentisch zu sein.

>> Denken Sie daran, Sie sind mindestens so wichtig wie Ihr Gegenüber.

Die Macht der Gekränkten

Gekränkte Menschen spielen sich besonders dadurch in den Vordergrund, dass sie uns für ihre Gekränktheit verantwortlich machen. Wir werden von ihnen als Kränkende abgestempelt, die an ihrem Leid schuld sind und nur Böses im Sinn haben. Deshalb verlangen sie auch von uns, dass wir uns nach ihnen richten, da wir ihnen ja scheinbar etwas schuldig sind. Oft gehen wir viel zu lange auf ein solches Spiel ein, in der Hoffnung, dadurch den Konflikt zu lösen. Wenn wir beweisen können, dass wir keine schlechten Absichten haben, müssten wir doch aus der Rolle des Kränkenden entlassen werden. Leider ist das aber in vielen Fällen nicht so, im Gegenteil. Wir werden in dieser Rolle zementiert, sobald wir sie einmal übernommen haben.

Auf diese Weise wird aus der Gekränktheit ein Machtmittel, mit dem wir manipuliert werden, uns so zu verhalten, wie die Gekränkten es wollen. Sie machen uns Vorwürfe, lösen Schuldgefühle aus und sind eine lebende Anklage. Dass ihr Verhalten für uns kränkend ist, nehmen sie nicht wahr. Sie fühlen sich im Recht, beleidigt zu sein. Manchmal setzen sie ihre Kränkungsreaktionen sogar bewusst ein, um Druck und Macht auszuüben. Das kann bis zur Tyrannei gehen, gegen die wir uns immer schwerer zur Wehr setzen können.

Eine Frau erzählte mir, dass ihre Schwiegermutter sie und ihren Mann durch ihr Gekränktsein seit Jahren unter Druck setzt. Nie ist ihr etwas recht, sie mischt sich in alles ein, hat an allem etwas auszusetzen und ist beleidigt, wenn es nicht so läuft, wie sie es will. Um keinen Streit im Haus zu haben, passen sich die Eheleute an, fühlen sich jedoch tyrannisiert durch deren Leiden, Empfindlichkeit und Launenhaftigkeit. Vor allem auch deshalb, weil die Schwiegermutter zu anderen aus der Familie freundlich und aufgeschlossen ist und niemand versteht, warum sie solche Schwierigkeiten mit ihr haben. Die Eheleute stehen vor der Wahl, das Spiel der Schwiegermutter weiterhin mitzumachen und darunter zu leiden, oder einen Eklat in der Familie zu riskieren, wenn sie sich abgrenzen. Schlimmstenfalls gefährden sie sogar ihr Erbe. Eine scheinbar ausweglose Situation. Eine Veränderung wirkt fast unvorstellbar, weil der Konflikt schon Jahrzehnte andauert.

Gekränkte Menschen können andere sehr subtil manipulieren.

Das Machtmittel der Gekränkten

>> Sie, als Angehörige, kommen dadurch in die Rolle der Kränkenden, denen böse Absichten und Feindseligkeit unterstellt wird.

>> Sie können tun, was Sie wollen, am Ende sind immer Sie schuld.

>> Mit noch mehr Rücksichtnahme und Anpassung ändern Sie nichts, sondern zementieren den Konflikt.

>> Aus Angst vor einer Konfrontation machen Sie das Spiel viel zu lange mit.

Nehmen Sie sich wichtig

>> Was würde passieren, wenn Sie aufhörten, sich durch das Gekränktsein der anderen manipulieren zu lassen?

>> Macht und Druck können nur ausgeübt werden, wenn es jemand gibt, der darauf eingeht.

>> Weisen Sie Schuld von sich, die nicht zu Ihnen gehört.

>> Fordern Sie von Ihrem Gegenüber so viel Eigenverantwortung, wie Sie bereit sind, für sich zu übernehmen.

>> Hören Sie auf, sich manipulieren zu lassen, auch wenn Sie dadurch eine Auseinandersetzung riskieren.

>> Menschen, die anderen die Schuld zuschieben, brauchen klare Grenzen, um damit aufzuhören.

Kränkendes Verhalten

Es gibt Menschen, die ihr Gegenüber häufiger kränken als andere. Oft sind es unzufriedene, verbitterte Menschen, die wenig Einfühlung in andere besitzen und sich schnell zurückgesetzt fühlen. Die Kränkungen können dabei in Ironie, Witze oder offene Abwertungen verpackt sein, sie sind auf jeden Fall unangenehm.

Werden beispielsweise entwertende oder sexistische Frauenwitze in einer Runde erzählt, in der Frauen in der Minderzahl sind, oder wo sogar eine Frau allein unter Männern ist, ist es für diese fast unmöglich, sich abzugrenzen. Lachen sie mit, obwohl sie es nicht wollen, verleugnen sie sich, wehren sie sich, werden sie als Spielverderberinnen oder als humorlos abgestempelt. Das Einzige, was hilft, ist es nicht persönlich zu nehmen und die Runde baldmöglichst zu verlassen.

Die Motivationen für kränkendes Verhalten sind vielfältig. Es können Neid, Eifersucht und Unzufriedenheit ebenso eine Rolle spielen wie Minderwertigkeitsgefühle, Angst oder Überheblichkeit. Auf jeden Fall drücken sich im kränkenden Verhalten persönliche Schwierigkeiten aus. Sehen wir das nicht, laufen wir Gefahr, die Kränkung ungerechtfertigter Weise gegen uns zu richten.

Kränkende Menschen sind in der Regel rivalisierend und gönnen anderen ihre Erfolge nicht. Sie müssen abwerten, um besser dazustehen. Verbunden mit dem Gefühl, dass sie sich mehr anstrengen müssen als andere, suchen sie übermäßig stark nach Anerkennung. Sie beneiden oft unbewusst die, denen alles leichter fällt, die sich weniger Gedanken machen oder keinen so hohen Perfektionsanspruch an sich stellen. Wird von außen nicht gesehen, wie viel Mühe sie sich geben, wie gut sie sind, reagieren sie gekränkt. Dass andere trotzdem ihr Engagement schätzen und ihre Leistung achten, glauben sie nicht. »Jetzt streng ich mich schon so an und keiner sieht's« ist ihre Überzeugung.

Wenn Menschen unter dem Druck stehen, beweisen zu müssen, wie gut sie sind und glauben, nur liebenswert zu sein, wenn sie besonders sind, ist das für ihr Gegenüber äußerst anstrengend. Denn es macht wenig Spaß, ständig zu loben und alles kommentieren zu müssen, nur um zu zeigen, dass wir aufmerksam und zugewandt sind. Irgendwann hören wir damit auf, mit dem Risiko, dafür entwertet zu werden.

Auch Unterlegenheitsgefühle können zu kränkendem Verhalten führen. Indem andere entwertet werden, steigt der eigene Wert und gleicht das Minderwertigkeitsgefühl aus. Dass diese Rechnung auf Dauer jedoch nicht aufgeht, wird meist übersehen. Denn die Selbstunsicherheit wird auf diese Weise nicht überwunden, sondern nur maskiert.

Kränkende Menschen verbreiten in der Regel eine ungute Stimmung, die die Beziehungen zu anderen beeinträchtigt. Entweder produziert sie Ja-Sager und Anpasser oder Ablehner. Eine ehrliche Kommunikation kommt nicht zustande, es entsteht viel Streit oder Menschen ziehen sich zurück, um sich vor weiteren Verletzungen zu schützen. Kann über diese Probleme nicht offen geredet werden, wird die Beziehung darunter erheblich leiden oder zerbrechen.

Merkmale kränkender Menschen

>> Menschen, die andere häufig kränken, haben oftmals Probleme mit sich selbst.

>> Kränkungen können Ausdruck sein von Neid, Eifersucht, Rivalität, Angst, Unterlegenheitsgefühlen oder Überheblichkeit, gepaart mit geringem Einfühlungsvermögen.

>> Auf kränkende Menschen reagieren andere entweder mit Anpassung oder Ablehnung.

>> Durch kränkendes Verhalten werden Beziehungen gestört oder beendet.

Wie verhalten Sie sich am besten?

>> Seien Sie im Umgang mit kränkenden Menschen vorsichtig, aber verleugnen Sie sich nicht.

>> Lernen Sie durch kränkende Menschen, nicht alles persönlich zu nehmen, nur so schützen Sie sich effektiv.

>> Grenzen Sie sich ab, wehren Sie sich direkt gegen die Entwertungen.

>> Schützen Sie sich durch Humor oder Auflockerung der Situation.

>> Teilen Sie kränkenden Menschen mit, dass Sie den Kontakt aufgrund ihres verletzenden Verhaltens beenden.

Der »Täter« trifft auf sein »Opfer«

Mit Täter und Opfer sind hier psychologische Rollen gemeint, in denen Menschen sich entweder hilflos in der Opferrolle fühlen oder sich als Täter oder Verursacher der Kränkung erleben.

Erlebte Kränkungen sind in der Regel mit einer Opferhaltung verbunden, mit dem Gefühl von Ohnmacht, Resignation und Unterlegenheit. Ein sogenanntes psychologisches Opfer definiert sich als machtlos und dem psychologischen Täter unterlegen, auch wenn es eigentlich gar nicht so schwach und hilflos ist, wie es sich gibt. Es ist mehr eine Zuschreibung als eine Tatsache. Menschen, die in einer solchen Opferhaltung leben, sind schneller gekränkt als andere, denn das gehört implizit zu dieser Rolle.

Zu jedem Opfer gehört ein sogenannter Täter, der der Böse ist und dem Opfer übel mitspielt. Ist der Täter einmal ausgemacht, bleibt er es auch. Der, der kränkt, ist der Täter, der, der gekränkt wird, ist das Opfer. Eine einfache Formel, die aber so nicht stimmt. Denn jeder Gekränkte hat die Verantwortung, ob er die Entwertung annimmt oder nicht. Die Schuld allein dem Täter zuzuschieben greift zu kurz, obwohl der Täter in diesem Spiel darauf aus ist, das Opfer fertigzumachen. Doch das kann er nur, weil das Opfer sich als hilflos definiert.

Aus der Opferrolle aussteigen würde bedeuten, sich auf seine Möglichkeiten zu besinnen, wie man sich gegen Gemeinheiten und Abwertungen zur Wehr setzen kann. Zum Opfer werden wir nur dann, wenn wir uns als solches definieren, nämlich hilflos ausgeliefert und unterlegen.

Opfer gehen davon aus, dass andere Menschen die Dinge in der Hand haben, mehr Einfluss, Entscheidungsbefugnis und Kompetenz besitzen. Sie selbst fühlen sich abhängig von deren Beurteilung und Gunst. Im Grunde leben sie in einer ständigen Selbstkränkung. Die können sie nur durch Anerkennung von außen überwinden, weshalb sie ständig auf der Suche nach Lob und Zuwendung sind. Das allein wäre noch nicht das Problem. Zur

Kränkung wird es, wenn die positiven Rückmeldungen ausbleiben und sie selbst nicht darum bitten können.

Treffen wir auf einen solchen Menschen, kann es passieren, dass wir ihn kränken, weil wir vergessen, ihn zu loben und ihm Zuwendung und Aufmerksamkeit in ausreichendem Maße zu schenken. Aber was ist ausreichend? Wer kennt das Maß des anderen? Und ist es wirklich unsere Aufgabe, das Maß zu finden oder sogar zu erfüllen? Müssen wir nicht, um uns selbst treu zu bleiben, riskieren, jemanden zu kränken, der mehr von uns erwartet, als wir bereit sind zu geben?

Sieglinde hatte gerne Freunde bei sich, kochte für sie, bewirtete sie großzügig und tat alles, damit sie sich wohl fühlten. Was sie nie zugegeben hätte, aber tief in ihrem Herzen als Wunsch hegte, war ständige Anerkennung und Dankbarkeit für ihre Mühen. Sagten die Gäste nur einmal und nicht mehrmals: »Hm, das schmeckt sehr gut«, dann hatte sie gleich Sorge, dass das Essen nicht so besonders gelungen war, was natürlich auf sie als Köchin negativ zurückfiel. Nicht nur, dass sie sich vorwarf, nicht gut genug zu sein, auch ihren Freunden kreidete sie an, ihr zu wenig Aufmerksamkeit zu geben. Kam sie dann bei der Unterhaltung nicht genügend zu Wort, weil eine der Freundinnen sich ständig in den Vordergrund spielte, erzählte eine andere von ihren beruflichen Erfolgen, und war sie neidisch auf die tolle Garderobe der anderen, dann konnte es schon vorkommen, dass dieser Abend für sie zum Stress wurde und sie sich gekränkt fühlte.

Eine Zeit lang konnte sie die Fassade noch aufrechterhalten, doch ihr Lächeln wurde immer gezwungener und ihre Freundlichkeit unechter. Innerlich litt sie unter Selbstvorwürfen, nach außen hin wurden ihre Bemerkungen von Mal zu Mal spitzer und gemeiner. Sie fing an, die Leistungen der anderen abzuwerten, um besser dazustehen. Wenn sie nicht aufpasste, konnte der Abend im Streit enden. Die Freundinnen wussten nicht, dass ihr Verhalten Sieglinde kränkte. Hätte sie es ihnen erzählt, wären sie vielleicht aus allen Wolken gefallen, weil ihnen der Abend viel

Vergnügen bereitete und sie gerne bei Sieglinde waren. Wer konnte verstehen, dass das kränkend sein könnte?

Die Opferhaltung ist verbunden mit dem Gefühl, ein Fass ohne Boden zu sein. Das bedeutet, dass man diesen Menschen viel geben kann, aber sie werden nicht satt, weil es nie genug ist. Genauso wie man in ein Fass ohne Boden viel hineinschütten kann, es bleibt leer, weil unten alles wieder rausfällt. Die Lösung liegt nicht darin, noch mehr hineinzuschütten, sondern einen Boden zu schaffen, auf dem das, was reinkommt, liegen bleiben und sich anhäufen kann. Ein solcher Boden sind Selbstachtung und ein positives Selbstwertgefühl, mit dem die Person sich unterstützt und gegen Neid und Eifersucht wappnet. Denn nur, wenn wir etwas von uns halten, wenn wir, um im obigen Beispiel zu bleiben, unser Essen köstlich finden und uns dafür loben, können wir die Anerkennung der anderen wertschätzen, statt immer mehr davon zu brauchen.

Die Opferhaltung

>> Die Opferhaltung ist verbunden mit dem Gefühl von Ohnmacht, Resignation und Unterlegenheit und macht andere Menschen zu Tätern, die scheinbar mehr Macht und Einfluss haben.

>> Geben Sie einem Menschen, der sich unterlegen und wenig wert fühlt, nicht genügend Anerkennung und Bestätigung, bedeutet das für ihn eine Kränkung. Dadurch geraten Sie schnell in eine Täterrolle, ohne es zu merken.

>> Menschen mit einem geringen Selbstwertgefühl können Positives schwer annehmen und brauchen daher immer mehr.

Ihre Einfühlung

>> Sie können Kränkungen nicht verhindern, wenn der andere immer noch mehr braucht.

>> Lassen Sie sich nicht zum Täter machen, nur weil Sie zu wenig Anerkennung gegeben haben.

>> Wenn Sie um die Empfindlichkeit des Gegenübers wissen, können Sie sich in gewisser Weise darauf einstellen.

>> Bleiben Sie bei aller Einfühlung authentisch.

Rache als Ausgleich

Die Folge von Kränkungen sind Rachegefühle oder sogar Rachehandlungen, die von Gedanken bis zur rohen Gewalt reichen können. Die Quellen der Rache sind Wut, Verachtung, Groll und der Wunsch, den anderen ebenso zu verletzen, wie wir verletzt wurden. Die destruktive Kränkungswut wird vorsätzlich eingesetzt, weil der Gekränkte in seiner Enttäuschung den anderen verletzen, ihn treffen, ihm so viel Schmerz zufügen will, wie er selbst erlitten hat. Und dieser Gedanke erfüllt ihn mit Genugtuung. Nicht von ungefähr sagt der Volksmund: »Rache ist süß«. Sie verschafft dem Gekränkten das Gefühl, die Kontrolle über die Situation und sein Gegenüber zurückzugewinnen. Rache macht den Menschen handlungsfähig und führt ihn aus der Starre. Indem er sich aggressiv nach außen wendet, erlebt er sich machtvoller, stärker und selbstbewusster und er gibt die Aggression zurück, die er selbst erlebt hat. Rache löst jedoch das Problem der Kränkung nicht, sondern mündet nicht selten in gewalttätigem Verhalten, das zusätzliche negative Folgen haben kann.

Es gibt auch unbewusste Formen von Rache. Statt den anderen direkt anzugreifen, verletzen wir ihn durch passive Aggressivität: Wir vergessen ihn am vereinbarten Treffpunkt; wir machen ihm ohne Absicht etwas kaputt; wir versäumen, ihm eine wichtige Information mitzuteilen.

Passive Aggressivität ist eine unbewusste
Form von Rache.

Für mich stellt sich die Frage, warum sich Menschen mit solcher Leidenschaft rächen. Die griechische Mythologie ist voll von Bluttaten aus Rache, und auch der moderne Buchhandel kann etliche Bücher über die Kunst, sich effektiv zu rächen, vorweisen. Ich meine, dass Rache ein Versuch des Ausgleichs darstellt, den wir brauchen, um eine Kränkungssituation zu verarbeiten. In dem Gedanken »Du sollst genauso leiden wie ich« steckt der

Wunsch nach Ausgleich. Doch ein Ausgleich über destruktive Mittel führt nicht zur Lösung, wohl aber einer mit positiven Mitteln. Die Frage lautet dann: »Was brauche ich vom Kränkenden, um mich ihm zu öffnen und versöhnlich zu werden?« Das kann eine ernst gemeinte Entschuldigung sein, eine von Herzen kommende Zuwendung, ein Blumenstrauß oder das Angebot, ein halbes Jahr den Abwasch zu übernehmen. Was auch immer, es muss für die Person passen, um sie versöhnlich zu stimmen. Manchmal versöhnt uns sogar schon das Wissen um diesen Wunsch.

Das narzisstische Grundbedürfnis, das durch den Ausgleich erfüllt werden soll, ist das Gesehenwerden in unserer Verletzung. Auch wenn der Kränkende nicht nachempfinden kann, wie weh es uns tut, hilft uns sein Bedauern und die Tatsache, dass unser Schmerz ernst genommen wird und sein darf. »Es tut mir aufrichtig leid, dass du dich verletzt fühlst« ist der Satz, den wir hören wollen und der uns versöhnlich macht!

Die destruktive Rache

›› Rache ist die vorsätzlich eingesetzte, destruktive Wut, die auf Zerstörung gerichtet ist.

›› Manchmal rächen Sie sich auch passiv-aggressiv.

›› In der Rache wollen Sie den anderen so verletzen, wie Sie verletzt wurden.

›› Die Vorstellung, der andere müsse ebenso leiden wie Sie, erfüllt Sie mit Genugtuung.

›› Rache macht Sie handlungsfähig und führt Sie aus der Starre, die mit der erlittenen Kränkung einhergeht.

›› Rache ist eine Form von Kränkung.

Der Ausgleich

›› Die Quelle der Rache ist der Wunsch nach Ausgleich.

›› Ein Ausgleich im positiven Sinn hilft, die Kränkung zu überwinden und die Beziehung zum Kränkenden zu bereinigen.

›› Wichtig ist die Frage: Was brauchen Sie vom anderen, um sich wieder zu öffnen und für eine Versöhnung offen zu sein?

›› Das Verständnis des anderen für Ihre Verletztheit versöhnt Sie am meisten.

Kränkung als Provokation

Kränkungen können auch gezielt eingesetzt werden, um andere zu provozieren, indem man ihnen Schuldgefühle macht und sie abwertet. Provokativ wirken auch Überheblichkeit und Arroganz. Sie dienen dazu, den anderen klein zu machen und sich selbst aufzuwerten. Auf provokative Weise können ebenso Kritik, Abwertung, Anschuldigungen, Vorwürfe, Schimpfworte und Demütigung eingesetzt werden. Das vorrangige Ziel ist, dass sich das Gegenüber schlecht fühlt und dadurch entweder klein beigibt, sich unterwirft oder sich durch aggressive Handlungen angreifbar macht. Provokative Kränkungen lösen meist heftige Emotionen aus, die dann als Schwäche ausgelegt werden können.

Nicht nur in Zweierkontakten, auch auf der politischen Ebene wird ein solcher Angriff als probates Mittel verwendet, um den Gegner lächerlich zu machen und in die Knie zu zwingen. Die Aussagen des amerikanischen Verteidigungsministers Rumsfeld zu Beginn des 21. Jahrhunderts, der Deutschland nicht nur zum alten Europa, sondern auch auf die Stufe mit nicht demokratischen Ländern stellte, ist ein Beispiel dafür. Die klügste Art, mit einer solchen Provokation umzugehen ist, sie nicht so ernst zu nehmen und schon gar nicht hochzuspielen. Doch das ist schwer, weil die Empörung auf eine solche Aussage natürlich sehr groß ist, ebenso wie der Wunsch, sich zu verteidigen und zu rechtfertigen. Doch genau das wird erwartet. Bleibt eine solche Reaktion aus, läuft die Provokation ins Leere und verliert an Schlagkraft.

Menschen provozieren andere auch, indem sie sich das Leben nehmen oder sich autoaggressiv verletzen. Im Unterschied zur Rache, die gegen den anderen gerichtet ist, fügen sich die Handelnden selbst Leid zu, wollen aber nicht nur sich selbst, sondern auch uns treffen. Ihre unausgesprochene Botschaft lautet dann in etwa: »Schau, wie schlecht du mit mir umgegangen bist, dass ich mir jetzt so etwas Schlimmes antun muss. Du bist schuld!« Eine Provokation, die ihre Wirkung selten verfehlt.

Die Provokation ...

>> Kränkungen können gezielt als Provokation eingesetzt werden.

>> Sie sind darauf aus, dass das Gegenüber entweder klein beigibt, sich unterwirft oder sich durch aggressive Handlungen angreifbar macht, ein probates Mittel, den Gegner lächerlich zu machen und in die Knie zu zwingen.

>> Auch Selbstverletzungen und Suizid können provokativ eingesetzt werden und die Angehörigen kränken.

... nicht annehmen

>> Nehmen Sie eine kränkende Provokation nicht so ernst und spielen Sie sie nicht hoch.

>> Ihr Wunsch, sich zu verteidigen und zu rechtfertigen ist zwar groß, Sie sollten ihm jedoch nicht folgen.

>> Eine Provokation wirkt nur, wenn Sie sie annehmen.

>> Bleibt eine heftige Reaktion von Ihnen aus, läuft die Provokation ins Leere und verliert an Schlagkraft.

Die Verbitterungsstörung

Die Opferhaltung, der Wunsch nach Rache und die Selbstzerstörung als Reaktion auf Kränkungen sind Hauptmerkmale der sogenannten posttraumatischen Verbitterungsstörung (PTED Linden 2003).

Es beschreibt ein Symptom, das nach außergewöhnlichen, aber lebensüblichen Belastungen auftritt. Wenn Menschen durch den Verlust des Arbeitsplatzes, durch Untreue des Ehepartners oder durch Trennung den Zusammenbruch wichtiger Grundannahmen erleben, kann das eine Verbitterungsstörung zur Folge haben. Diese Menschen fühlen sich hilflos ausgeliefert, erleben ihre Situation als ungerecht und herabwürdigend und können sich nicht wirksam verteidigen. Die Folge sind Hilflosigkeit, Resignation, das Verharren in der Opferrolle und Selbstzerstörung. Dies alles hat appellativen Charakter an die Angehörigen und die Umwelt, wie schlimm mit ihnen verfahren wurde. Es kann im Suizid oder im erweiterten Suizid (Selbstmord in Kombination mit der Ermordung anderer Menschen) enden.

Im Unterschied zur Kränkung sind die Auslöser bei der Verbitterungsstörung heftiger und die Fähigkeit, die Gekränktheit zu beenden in hohem Maße getrübt. Man könnte sagen, die Verbitterungsstörung ist eine chronifizierte, sich im Lauf der Zeit verfestigende Kränkung. Verbitterte Menschen haben keinen Zugang zu ihren Selbstheilungskräften oder dem Bewusstsein, dass sie etwas an ihrer Situation ändern können. Die einzige Erleichterung erfahren sie über Rache, ansonsten gibt es keinen Ausweg. Die Schuld liegt bei den anderen, denen sie sich hoffnungslos ausgeliefert fühlen. Wie nach jedem Trauma drängen sich die belastenden Situationen wiederkehrend auf, die Betroffenen träumen von dem Ereignis und meiden Orte und Gegenstände, die an dieses Ereignis erinnern.

Diese Reaktionen treten beispielsweise häufig nach einer außerehelichen Affäre auf. Die Grundüberzeugung, sich immer treu zu sein, die Sicherheit, uns bringt nichts auseinander, so etwas passiert bei uns nicht, wird von einer Minute zur anderen enttäuscht. Es bricht eine Welt zusammen, die bisher Halt gab. Das Vertrauen ist völlig dahin und die betrogenen oder verlassenen Partner finden oft über Jahre hin keine Ruhe. Immer wieder durchdenken sie die Situation, quälen sich mit allen Einzelheiten der damaligen Vorfälle, was sie sagten, was der andere entgegnete, wie er sich verhielt etc. Auch Überlegungen, wie sie diesen Betrug hätten verhindern können, woran sie Zeichen der Untreue hätten erkennen können, wie sie es hätten besser machen können, drängen sich zwanghaft auf und sind nicht oder nur sehr schwer abzustellen. Sie geben sich die Schuld an diesem Ereignis, spüren aber auch großen Hass auf den Partner. Orte, Autos, Garderobe, Jahreszeiten, Lieder, alles was mit der Affäre irgendwie in Verbindung steht, löst sofort das Trauma, die Gedankenkette und innere Selbstzerfleischung aus.

Eine Wende kann es geben, wenn diese Menschen sich Hilfe holen und erfahren, dass sie gar nicht so ausgeliefert sind, sondern ihre Situation verändern können. Fragen Sie sich: »Will ich mir zu meinem Schaden auch noch den Rest meines Lebens zerstören?«

Wenn die Antwort »Nein« lautet, dann haben Sie echte Chancen. Eine Veränderung beruht jedoch darauf, Ihre Grundannahmen an der Realität zu überprüfen und gegebenenfalls zu verändern. Und Ihre Verbissenheit und den Wunsch, unbedingt recht bekommen zu müssen, einzutauschen gegen Gelassenheit: hinzunehmen, was nicht zu ändern ist und zu ändern, was in Ihrer Macht steht.

Sich aus der Verbitterung lösen

>> Es ist schlimm, was Ihnen passiert ist,
auch wenn Sie Ihren Opferstatus aufgeben.

>> Sie können sich Hilfe holen.

>> Rache, Selbstzerfleischung und Recht-haben-Wollen
verstärken die Verbitterung.

>> Lernen Sie Einfluss zu nehmen auf Ihr Leben,
denn Sie schmieden Ihr Glück oder Unglück.

Der gelassene Umgang mit Kränkungen

Ein gelassener Umgang mit Kränkungen ist das erklärte Ziel, weil er der beste Schutz vor unangenehmen Gefühlen und der Trübung unseres Selbstbildes darstellt.

Die folgenden konkreten Schritte dienen dazu, Kränkungssituationen unbeschadeter zu überwinden.

1. Gestehen Sie sich die Kränkung ein

In dem Moment, in dem Sie sich gekränkt fühlen, ist es hilfreich, sich diesen seelischen Schmerz einzugestehen, statt ihn wegzureden oder zu überspielen. Warum ist das wichtig? Weil Sie sich dadurch ernst nehmen und Ihre Gefühle und Wahrnehmung akzeptieren. Nur wenn Sie das tun, stehen Sie zu sich, unterstützen sich und machen den Weg frei für angemessene Lösungen, die Sie zufriedenstellen. Verleugnen Sie dagegen, dass Sie die Zurückweisung oder Ablehnung kränkt, dann müssen Sie auch alle damit verbundenen Gefühle verleugnen. Verleugnete Gefühle wirken aber in Ihnen weiter und richten sich vielleicht sogar gegen Sie.

Stellen Sie sich vor, Sie fühlen sich von Ihrem Chef zurückgesetzt, weil er einen Kollegen auf die Geschäftsreise schickte und nicht Sie. Sie tun, als mache es Ihnen nichts aus, obwohl in Ihnen ein Gemisch aus Wut, Traurigkeit, Enttäuschung und Ungerechtigkeitsempfinden brodelt. Nun kommen Sie nach Hause und Sie sehen, dass Ihre Kinder eine große Unordnung veranstaltet haben. Das passiert immer wieder, heute jedoch ist das einfach zu viel. Sie herrschen die Kinder an, endlich aufzuräumen und freuen sich gar nicht, sie nach einem langen Arbeitstag zu sehen. Es könnte jetzt jeder in Ihrer Umgebung etwas tun, was Sie aus der Haut fahren ließe. Keiner kann es Ihnen in dieser Situation recht machen. Unversöhnlich und emotional, für die anderen unerreichbar, bleiben Sie in Ihrer Kränkung allein. Daraufhin beklagen Sie sich bei Ihrer Frau, dass sie sich nicht genug um sie kümmert, was sie als Vorwurf versteht, so dass sie sich wehrt. Und schon sind Sie in einem Teufelskreis gefangen, der nur zu durchbrechen ist, wenn Sie über Ihre Enttäuschung sprechen und diese zulassen. Erst dann kann auch Ihre Frau Ihnen wieder helfen.

2. »Was kann ICH für mich tun?«

Im 2. Schritt fragen Sie sich, was Sie für sich tun können. Denn in einem Kränkungsgefühl stecken zu bleiben ist ja gerade das, was Sie nicht mehr wollen. Also gilt es etwas zu tun, das Ihnen hilft, aus der Kränkung herauszukommen.

In der Regel fangen wir nämlich an, uns selbst abzuwerten und dem Kränkenden recht zu geben. Auch wir definieren uns als wenig liebenswert oder inkompetent und verstärken auf diese Weise das unangenehme Kränkungsgefühl. Im schlimmsten Fall endet es in einer Verbitterung.

Oder wir weichen auf vielfältige Methoden aus, wie wir uns besser fühlen können. Eine schnelle Art, die emotionale Befindlichkeit zu verändern, liegt in der Einnahme von Suchtmitteln wie Alkohol oder Tabletten, um aus der unangenehmen Situation auszubrechen. Doch Suchtmittel täuschen nur etwas vor, verändern aber nichts. Sie wirken zwar vorübergehend, müssen aber immer wieder konsumiert werden, um die Realität auszublenden. Denn irgendwann reicht eine Beruhigungspille nicht mehr aus, es müssen fünf sein. Auch die Flucht ins Internet bringt nur vorübergehende Linderung, aber keine wirkliche Befriedigung.

Der Grund liegt in der seelischen Situation, die bei Kränkungen vorliegt. Wir fühlen uns minderwertig, unbedeutend, verlassen und unverstanden und dem Gegenüber hilflos ausgeliefert. Wäre der andere nicht so ablehnend, ginge es uns besser. Also suchen wir bewusst oder unbewusst die Lösung im Außen: in der Droge, dem Zucker, der Pille, der Zerstreuung oder der Zuneigung des Kränkenden.

Genau hier können wir ansetzen: auf die Lösung von außen können wir nicht warten, weil sie vielleicht nie kommt. Vor allem, wenn der andere gar nicht weiß, dass wir uns gekränkt fühlen. Wie also sollte er uns helfen? Daher müssen wir uns selbst am Schopfe aus dem Kränkungssumpf herausziehen. Und wie das geht und welche Schritte Sie tun können, zeigen Ihnen die weiteren Tipps.

3. Bewusstes Atmen

Wenn Sie in einer Kränkungssituation sind, verschlägt es Ihnen meist den Atem. Sie hören auf, einzuatmen, halten den Atem an und versuchen auf diese Weise die Situation zu bewältigen. Das aber schmälert Ihre Kraft und behindert Ihre Aktionsmöglichkeiten.

Beginnen Sie daher die Überwindung jeder Kränkungssituation mit dem bewussten Atmen. Holen Sie tief Luft, atmen Sie gleichmäßig einige Male tief ein und aus. Sie kommen dadurch wieder zu sich, beruhigen und kräftigen sich. Das sind notwendige Voraussetzungen, mit Angriffen oder Zurückweisungen von außen umzugehen. Und Sie distanzieren sich dadurch von Ihrer Hilflosigkeit.

Welche machtvolle Wirkung der Atem hat, beschreiben die verschiedenen Meditationstechniken.

»Bewusstes Ein- und Ausatmen hilft, den besten Zustand zu erreichen – Stille, Frische, Stabilität, Klarheit und Freiheit ... fähig zu sein, den gegenwärtigen Augenblick als den besten Moment des Lebens anzusehen«, schreibt der vietnamesische Zen-Meister Thich Nhat Hanh.

Hier zwei Atemübungen nach Thich Nhat Hanh, durch die Sie sich stärken können:

1. *Atmen Sie gleichmäßig ein und aus, und sagen Sie sich folgende Sätze:*
   - Ich atme ein, ich atme aus.

- Beim Einatmen schenke ich meinem Körper Ruhe.
- Beim Ausatmen lächle ich.
- Ich verweile im gegenwärtigen Moment und weiß, es ist ein wunderbarer Moment.

2. Kreisatmen

Holen Sie tief Luft und atmen Sie aus. Entspannen Sie sich und atmen Sie gleichmäßig ein und aus. Atmen Sie ohne Pause zwischen Ein- und Ausatmen. Stellen Sie sich vor, Sie würden einen Kreis atmen, in dem jeder Atemzug gleichmäßig ohne Ruck oder Pause in den nächsten fließt. Nehmen Sie sich 30 Sekunden Zeit, um die Augen zu schließen und weiter so zu atmen. Achten Sie darauf, welche Auswirkungen dieses »Kreisatmen« auf Ihren Körper und Geist hat.

Wenn Sie diese Übungen öfter machen, wird Ihnen das bewusste Atmen in der Kränkungssituation schneller zur Verfügung stehen. Und Sie festigen sich innerlich, was der beste Schutz gegen Kränkungen ist. Je mehr Sie bei sich sind, je kraftvoller Sie sich erleben, umso seltener müssen Sie sich gekränkt fühlen und umso kürzer werden die Kränkungsphasen.

4. Bewegung

Neben dem Atmen ist Bewegung wirksam, denn dadurch überwinden Sie Ihre körperliche und seelische Starre, die es Ihnen unmöglich macht, zielgerichtet zu handeln. Ebenso wie Ihre Seele in der Kränkungssituation erstarrt, so erstarrt auch Ihr Körper. Ihre innere und äußere Beweglichkeit kommt zum Stillstand und Sie sind nur noch auf Notfallreaktion geschaltet. Die ist zwar sehr sinnvoll in einer Gefahrensituation, weil im Körper alle Funktionen für Angriff oder Flucht bereitgestellt werden, kann aber auf Dauer zu körperlichen Schäden führen, wenn sie nicht abgebaut wird. Dann kommt es durch den vermehrten Adrenalinausstoß zu einem erhöhten Blutdruck, einem beschleunigten Herzschlag, zu Muskelverspannungen und verflachter Atmung. Psychisch äußert sich der Dauerstress in Nervosität, Gereiztheit, psychischer Labilität bis hin zum Zusammenbruch.

Werden Kränkungsgefühle nicht aufgelöst und abgebaut, kann das nicht nur dauerhafte seelische Beeinträchtigungen hinterlassen, sondern auch zu körperlichen Erkrankungen führen, denn Kränkungen können krank machen.

Bewegung ist eine Möglichkeit, die körperlichen Folgen des Stresses abzubauen, sei es durch Fensterputzen, Radfahren, laufen, Kickboxen und vielem mehr. Die Hauptsache dabei ist, dass die Spannung reduziert wird.

5. Stellen Sie Distanz her!

Kränkungssituationen enden in der Regel mit einem äußeren oder inneren Abbruch des Kontakts im Sinne von »Mit der/dem will ich nichts mehr zu tun haben«. Das führt zu Kränkungsleichen und einem nie endenden Kränkungsgefühl.

Eine Alternative zum Kontaktabbruch ist die Distanz. Das bedeutet, dass Sie die Kränkungssituation verlassen mit der Option, zurückzukehren. Sie müssen die Beziehung also nicht kappen, sondern können in der Distanz Klarheit finden. Dadurch vermeiden Sie eine Eskalation der Streiterei, die nicht selten in einer gewaltsamen und destruktiven Auseinandersetzung endet.

Vor allem in privaten Beziehungen ist die Distanzierung sehr hilfreich, um unnötige Anfeindungen zu vermeiden, die jede Beziehung schädigen. Jedes verletzende Wort, das im Ärger dem anderen an den Kopf geworfen wird, hinterlässt eine Spur, auch wenn man sich hinterher entschuldigt. Das Gesagte lässt sich nicht rückgängig machen. Auf diese Weise werden Beziehungen ausgehöhlt und brechen.

»Es ist so viel kaputt gegangen in den letzten Jahren, ich weiß gar nicht, ob ich ihn noch liebe«, sagte vor kurzen eine Klientin.

Immer wieder gerät sie mit ihrem Partner aneinander, weil er sich durch ihr Verhalten oder ihre Worte gekränkt fühlt. Sie wird von ihm mit Missachtung gestraft, wenn sie nicht »richtig« ist, wird angefeindet und kritisiert. Lange Zeit hat sie dies ausgehalten und sich gefallen lassen, früher nicht einmal gemerkt, wie verletzend er sie behandelte. Jetzt hat sie gelernt, Grenzen zu setzen und Eskalationen zwischen ihnen zu vermeiden, indem sie sich zurückzieht und dadurch vor Angriffen schützt. In der Distanz kann sie sich beruhigen und herausfinden, welcher Anteil ihrer ist und welcher zu ihrem Partner gehört. Dadurch vermeidet sie, Schuld auf sich zu nehmen, die nicht ihre ist, was sie aus der unterlegenen Position herausbringt und ihr Selbstwertgefühl stärkt.

6. Welche Bedürfnisse blieben unerfüllt?

Fragen Sie sich: Was will ich erreichen? Was brauche ich vom anderen? Suchen Sie Wege, das zu bekommen.

Wenn Sie beispielsweise gekränkt sind, weil eine Verabredung abgesagt wurde, dann werden Sie sich beklagen und auf den anderen sauer sein. Aber was ist Ihr Bedürfnis? Doch nicht, mit dem anderen nichts mehr zu tun zu haben, sondern im Gegenteil. Sie wünschen sich Kontakt, sonst würde Ihnen die Absage ja nichts ausmachen. Suchen Sie also nach Möglichkeiten, diesen Kontakt herzustellen. Mit Beleidigtsein erreichen Sie es eher nicht.

7. Klären Sie Ihre Gefühle, Ihre Gedanken und Ihre Reaktionen

Um Kränkungen zu überwinden, ist es nötig, die echten Gefühle zu identifizieren, sich nicht selbst abzuwerten und sich nicht destruktiv zu verhalten. Fragen Sie sich:

- Wie geht es mir, was fühle ich? Bin ich traurig, wütend, ängstlich oder beschämt? Nehme ich diese Gefühle ernst oder versuche ich, über sie hinwegzugehen?
Versuchen Sie bei dem jeweiligen Gefühl zu bleiben. Wenn Sie z.B. traurig sind, lassen Sie Ihre Tränen zu. Es ist schmerzhaft, zurückgewiesen zu werden und auch Sie dürfen es sich erlauben, das zu fühlen.
- Was denke ich über mich und den anderen? Vielleicht werfen Sie sich vor, »Schon wieder habe ich etwas falsch gemacht. Ich bin schuld, also hab ich es nicht anders verdient« oder Sie fangen an, den anderen zu verteufeln: »Wer mir so was antut, der ist für mich gestorben!«
Stoppen Sie diese Selbst- und Fremdabwertungen und erinnern Sie sich an eigene positive Eigenschaften und an das, was Sie an dem anderen mögen.
- Wie reagiere ich auf den anderen? Weder Schimpfen noch Türen schlagen oder depressiver Rückzug lösen die Kränkungssituation. Bleiben Sie cool und gefasst.

8. Rache ist meist nicht süß

»Um sich an rücksichtslosen Autofahrern zu rächen, hat ein wütender Radfahrer im englischen Bournemouth an die 2 000 Autoreifen im Wert von umgerechnet 350 000 € zerstochen. Wie die britische Zeitung *The Times* berichtete, hatte sich der arbeitslose Mann darüber geärgert, von einem Autofahrer nass gespritzt worden zu sein, der in hohem Tempo durch eine Pfütze fuhr. Daraufhin entschloss sich der 37-Jährige zu einem privaten Rachefeldzug und zerstach mit einem angespitzten Schraubenzieher die Reifen von mehr als 550 geparkten Fahrzeugen!« Dieser Bericht aus der *Süddeutschen Zeitung* vom 26. 3. 2004 zeigt, dass hier von Coolness keine Spur ist, wohl aber von Rache, mit der der Radfahrer die anderen so schädigen will, wie er sich geschädigt fühlt. Doch zum Positiven hat sich für ihn nichts geändert, im Gegenteil. Ihm droht jetzt noch dazu eine Strafe.

Wenn Sie meinen, Rache ließe sich gar nicht vermeiden, dann sollten Sie sich auf Fantasien beschränken und diese nicht in Taten umsetzen, um sich durch das rächende Verhalten nicht selbst zu schädigen.

9. Ärger mitteilen

Hinter dem Wunsch nach Rache stecken häufig Wut und Ärger. Das sind ganz berechtigte Gefühle, wenn wir uns entwertet fühlen. Ein konstruktiver Ausdruck dieser Gefühle setzt Grenzen, stoppt das verletzende Verhalten des anderen und schützt Sie gegen weitere Angriffe.

10. Entschärfen Sie den Konflikt

Durch diesen konstruktiven Ausdruck Ihres Ärgers und die Grenzsetzung bleibt die Beziehung zum anderen erhalten und der Konflikt wird entschärft. Denn Kränkungskonflikte tendieren dazu zu eskalieren. Das zu vermeiden ist ein wesentlicher Schritt bei der gelassenen Überwindung von Kränkungen.

11. Psychologische Spiele vermeiden

»Jetzt hast du schon wieder das Garagentor offen gelassen. Wie oft soll ich dir sagen, dass du es zusperren sollst!« »Mein Gott, bist du spießig. Immer muss alles nach deiner Nase laufen.« Rums ist die Tür zugeknallt. Ruft die Freundin an: »Jetzt haben wir schon wieder gestritten, aber er ist auch so vernagelt und weiß immer alles besser.« »Also ich weiß ja nicht, wie du das mit dem so lange aushältst, der nervt doch nur. Ich hätte den schon längst rausgeschmissen.«

Diese sogenannten Opfer-Täter-Helfer-Spiele bestehen aus Anklagen, aus Du-immer-nie-Vorwürfen und gegenseitigen Beschuldigungen, hinterlassen schlechte Gefühle, lösen aber kein Problem. Im Gegenteil, sie eskalieren und machen alles nur schlimmer.

Eine kränkungsfreie Kommunikation hieße:

»Ich bitte dich immer wieder, das Garagentor zuzumachen. Kannst du mir erklären, warum du es nicht machst?«

»Bitte jetzt nicht, ich hatte großen Stress und will erst mal zur Ruhe kommen. Lass uns nachher darüber reden.«

Mit der Freundin können nun erfreuliche Dinge am Telefon besprochen werden, sie muss nicht mehr die Rolle der »Helferin im Dramadreieck« einnehmen.

12. Ehrlichkeit

Statt im Dramadreieck zu enden, teilen Sie dem anderen mit, was Sie sich von ihm wünschen. Je ehrlicher Sie sich und dem anderen gegenüber sind, umso eher werden Sie eine gute Lösung finden.

- Sagen Sie offen, was Sie wollen und was nicht, statt es vom anderen zu erwarten und dann enttäuscht zu sein, wenn es ausbleibt. Diese Haltung ist der beste Weg, gekränkt zu werden.
- Menschen, die Sie z.B. ständig in Opfer-Täter-Helfer-Spiele verwickeln wollen, können Sie eine klare Absage erteilen. »Nein« ist ein ganzer Satz, entlastet und setzt Grenzen. Ein klares Nein zerstört nicht die Beziehung, sondern klärt sie.

13. Unterstützung holen

Suchen Sie sich einen neutralen Dritten und drücken Sie Ihre Gefühle im Schutz und mit Unterstützung des anderen aus. Allein das Aussprechen der Kränkung wirkt schon erleichternd. Und der Blick einer nicht betroffenen Person kann hilfreich sein, um die Reaktion des Kränkenden besser zu verstehen. Das gelingt jedoch nur, wenn die helfende Person nicht im Dramadreieck involviert ist.

14. Nehmen Sie das Drama raus

Entdramatisieren Sie die Situation, indem Sie sich fragen, was das Schlimme an der Kränkung ist. »Was ist das Problem?« »Was ist eigentlich passiert?«. Sie werden dann vielleicht merken, dass es zwar eine schmerzliche Situation ist, die Sie aber nicht umbringt. Auf diese Weise schaffen Sie Distanz zum Geschehen, was es Ihnen leichter macht, gelassen zu handeln.

15. Den wunden Punkt schützen

Machen Sie sich bewusst, dass die aktuelle Kränkungsreaktion sich deshalb so schlimm anfühlt und so heftig ausfällt, weil sie Ihren wunden Punkt berührt. Sie schützen sich, indem Sie aktiv die gegenwärtige Situation von der vergangenen unterscheiden. Wenn Sie dann auch noch Ihre alten Enttäuschungen aufarbeiten und Ihre wunden Punkte heilen, wappnen Sie sich vor neuen Kränkungen.

16. Verantwortung übernehmen

Übernehmen Sie die Verantwortung für Ihre Gefühle und Befindlichkeit. Nicht der andere bestimmt, wie Sie sich fühlen, sondern Sie selbst. Sie entscheiden, was Sie kränkt und ob Sie gekränkt sind. Nicht der andere!

17. Nicht alles persönlich nehmen

Sie sind zwar eine wichtige Person, doch nicht alles, was passiert, hat etwas mit Ihnen zu tun. Also prüfen Sie zuerst, ob das Verhalten des anderen wirklich eine Reaktion auf Sie ist oder nicht. Wenn Sie nicht alles persönlich nehmen, sind Sie viel seltener gekränkt.

Ich stehe am Beckenrand und höre, wie eine Frau einer anderen sagt: heute kommen Leute von hinten in unser Bad und zahlen keinen Eintritt. Ihr Seitenblick auf mich sagt mir, dass sie mich meint. Was kann ich tun? Gekränkt sein, weil ich mich ungerechtfertigt angeschwärzt erlebe? Mich rechtfertigen, weil ich doch so was nie machen würde? Sauer wieder nach Hause gehen und auf mein Bad verzichten? Ich sagte gar nichts, stieg ins Becken und grüßte freundlich, als mir die Frau entgegenschwamm. Freunde wurden wir nie, aber wir haben uns in Ruhe gelassen.

18. Das Selbstwertgefühl stärken

Stärken Sie Ihr Selbstwertgefühl, indem Sie sich nicht abwerten und Ihr Augenmerk bewusst auf das richten, was an Ihnen positiv ist. Und lassen Sie das Problem bei dem anderen. Die Badende aus obigem Beispiel hatte ein Problem damit, dass immer mehr Fremde in »ihr« Refugium kamen, was ich sogar nachempfinden kann. Doch das war nicht mein Problem, also musste ich mich deshalb nicht schlecht fühlen. Je mehr wir hinter uns stehen, uns selbst unterstützen und ernst nehmen, umso mehr wappnen wir uns gegen Kränkungen. Denn die setzen oft an dem Punkt an, an dem wir uns minderwertig oder schuldig fühlen.

19. Kritik als Geschenk sehen

Je selbstbewusster Sie sind, umso leichter fällt es Ihnen, aus negativen Rückmeldungen und Kritik zu lernen, statt sich beleidigt abzuwenden.

20. Kränkungsleichen bergen

Klären Sie alte Kränkungen, denn nur so werden Sie Ihre »Kränkungsleichen im Keller« los. Die beschweren Sie nur.

21. Kränkungen klären

Fühlt sich jemand durch Sie gekränkt, dann klären Sie, was Ihr Gegenüber verletzt hat, wie viel Schuld Sie trifft und welches Missverständnis eventuell vorliegt. Sprechen Sie den anderen direkt an, wenn Sie vermuten, diese Person beleidigt zu haben. Die Brücke, die Sie ihm bauen, wird sicher gerne angenommen.

Machen Sie umgekehrt klar, was Sie gekränkt hat und was Ihre Motivation war, so zu handeln, wie Sie es getan haben.

22. Die Rolle des anderen einnehmen

Um das eigene Gekränktsein leichter zu überwinden, ist es ratsam, sich in die Situation des Kränkenden hineinzuversetzen. Sie erfahren dadurch, warum der andere sich so und nicht anders verhalten hat. Möglicherweise hätten Sie es genauso gemacht. Und Sie erkennen, dass die Reaktion des anderen gar nichts oder nur bedingt etwas mit Ihnen zu tun hat. Also kein Grund, das Verhalten negativ auf sich zu beziehen und beleidigt zu sein!

Eine Klientin kam mit großem Groll und seelischer Verletzung in die Stunde, weil sie nach einem Bewerbungsgespräch nicht genommen wurde. Sie kreidete es der Personalchefin an, die mit ihr das Gespräch führte und war voller Ablehnung gegen sie. Ich ließ sie einen Dialog mit ihr führen. Zuerst sagte sie der Personalchefin alles, was ihr missfiel und drückte ihren Ärger aus. Dann setzte sie sich auf den Stuhl der Personalchefin und sollte nun als diese sprechen. Da merkte sie, dass diese gar nichts gegen sie hatte, sondern selbst in Entscheidungsnot steckte. Sie spürte ihre Sympathie und zugleich die Ablehnung sie anzustellen. Doch nicht, weil sie nichts taugte, sondern weil sie ihr mehr zutraute, als die Stelle hergab.

Das versöhnte die Klientin und sie konnte ihre Kränkung ablegen, auch wenn sie immer noch etwas traurig über die Absage war.

23. Nicht manipulieren lassen

Lassen Sie sich nicht durch das Gekränktsein des anderen unter Druck setzen oder provozieren, anders sein zu müssen und alles besser zu machen. Sie werden es nie schaffen, immer alles richtig zu machen, denn wer Sie anklagen will, der findet immer einen Grund. Je mehr Sie versuchen, den anderen zufriedenzustellen und nicht zu kränken, umso weniger wird Ihnen dies gelingen. Das ist ein ungeschriebenes Gesetz.

24. Versöhnung und Frieden

Das Ziel der Überwindung von Kränkungen ist Versöhnung und Frieden. Das erreichen Sie nur, wenn Sie Verständnis für sich und den anderen entwickeln und den Kampf um Rechthaben oder Besser-sein-Wollen aufgeben. Frieden mit sich und dem anderen setzt voraus, den anderen zu lassen wie er ist, nichts zu erwarten, was er/sie nicht geben kann und dasselbe auch für sich selbst in Anspruch zu nehmen.

25. Gelassenheit

Gelassenheit ist das genaue Gegenteil von Kränkung. Wenn wir gelassen sind, »beißen« wir uns nicht am anderen fest, sondern suchen eine bestmögliche Lösung. In der Gelassenheit müssen wir den anderen nicht verteufeln und können uns auch so lassen, wie wir sind. Wir vermeiden dadurch Probleme und finden innerliche Ausgeglichenheit.

Gott gebe mir die Gelassenheit,
Dinge hinzunehmen, die ich nicht ändern kann,
den Mut, Dinge zu ändern, die ich ändern kann
und die Weisheit, das eine von dem anderen zu unterscheiden.

Gott gebe mir Geduld mit Veränderungen, die ihre
Zeit brauchen,
und Wertschätzung für alles, was ich habe,
Toleranz gegenüber jenen mit anderen Schwierigkeiten
und die Kraft, aufzustehen und es wieder zu versuchen,
nur für heute.

Friedrich Christoph Oetinger, 1702–1782

Welcher Kränkungstyp sind Sie?

So reagiere ich gewöhnlich

▶▶ Ich reagiere sehr schnell empört.	1
▶▶ Ich denke immer wieder an die Situation und das erlittene Unrecht.	0
▶▶ Ich zweifle an mir, wenn andere mich schlecht behandeln.	0
▶▶ Ich hab's nicht besser verdient.	0
▶▶ Ich würde mich gerne rächen und dem anderen auch etwas antun.	1
▶▶ Ich will diese Person nie mehr sehen.	1
▶▶ Der andere hat sicher recht.	0
▶▶ Manchmal werde ich handgreiflich.	1
▶▶ Ich will mich am liebsten verkriechen.	0
▶▶ Das bestätigt wieder mal mein Gefühl: Keiner mag mich.	0
▶▶ Wer mich nicht mag, ist selbst schuld.	1
▶▶ Ich schäme mich sehr.	0
▶▶ Hätte ich doch anders reagiert, dann wäre alles gut.	0
▶▶ Ich bin sehr rachsüchtig.	1
▶▶ Wie kann man mir das antun?	1
▶▶ Ich verachte diese Person.	1

>> Geschieht mir recht.   0

>> Was denkt der andere sich eigentlich?   1

>> Ich bin sehr empfindlich und es macht mir
   sehr viel aus, wenn mich jemand so behandelt.   0

>> Warum muss immer mir sowas passieren?   0

>> Der andere sieht nicht, wen er vor sich hat.   1

>> Lieber sage ich nichts, als kritisiert zu werden.   0

>> Die anderen sind inkompetent und haben
   keine Ahnung.   1

>> Ich fühle mich wertlos.   0

>> Ich kämpfe für meine Position.   1

Da es sich hier um keinen wissenschaftlichen Test handelt, sondern um einen Fragenkatalog, kann auch die Auswertung keine endgültigen Aussagen machen, sondern nur Tendenzen abgeben.

Je mehr Punkte Sie haben, umso stärker gehören Sie dem aggressiven Kränkungstyp an, der seine Wut nach außen richtet, eher andere verletzt und selten klein beigibt.

Je geringer die Punktzahl, umso mehr neigen Sie zum depressiven Kränkungstyp, der mit Selbstvorwürfen reagiert, sich schämt, minderwertig fühlt und die Aggression eher gegen sich selbst richtet.

Weiterführende und zitierte Literatur

Asper, Kathrin: *Verlassenheit und Selbstentfremdung. Neue Zugänge zum therapeutischen Verständnis.* Walter-Verlag, Olten 1997

Berckhan, Barbara: *Jetzt reicht's mir. Wie Sie Kritik austeilen und einstecken können.* Kösel, München, 3. Aufl. 2012

Branden, Nathaniel: *Die 6 Säulen des Selbstwertgefühls. Erfolgreich und zufrieden durch ein starkes Selbst.* Piper, München, 2. Aufl. 2011

Buber, Martin: *Das dialogische Prinzip. Ich und Du. Zwiesprache. Die Frage an den Einzelnen. Elemente des Zwischenmenschlichen. Zur Geschichte des dialogischen Prinzips.* Gütersloher Verlagshaus, Gütersloh, 10. Aufl. 2006

Eichenbaum, Luise/Orbach, Susie: *Bitter und süß. Frauenfeindschaft – Frauenfreundschaft.* Econ, Düsseldorf, 3. neu bearbeitete Aufl. 1996

Heim, Vera/Lindemann, Gabriele: *Erfolgsfaktor Menschlichkeit. Wertschätzend führen – wirksam kommunizieren.* Ein Praxis-Handbuch, Junfermann, Paderborn 2010

Heim, Vera/Lindemann, Gabriele: *Erfolgsfaktor Menschlichkeit. Wertschätzend führen – wirksam kommunizieren.* Ein Praxishörbuch (3 CDs, 202 Min.), Junfermann, Paderborn 2011

Hirigoyen, Marie-France: *Die Masken der Niedertracht. Seelische Gewalt im Alltag und wie man sich dagegen wehren kann.* dtv, München 2002

Köster, Rudolf: *Was kränkt, macht krank. Seelische Verletzungen erkennen und vermeiden.* Herder, Freiburg 2000

Kraiker, Christoph: *Die Fabel von den drei Kränkungen.* In: *Hypnose und Kognition* 1994, Band 11, H. 1 und 2

Linden, Michael: *Posttraumatic Embitterment Disorder.* In: *Psychotherapy and Psychosomatics,* 2003, 72 S. 195-202

Lückel, Kurt: *Kränkung hat Geschichte. In: Wege zum Menschen.* Jahrgang 35 H. 1 20–27, Vandenhoeck & Ruprecht, Göttingen 1983

Miner, Valerie; Longino, Helen (Hrsg.): *Konkurrenz. Ein Tabu unter Frauen.* Verlag Frauenoffensive, München 2002

Müller-Luckmann, Elisabeth: *Die große Kränkung. Wenn Liebe ins Leere fällt.* Rowohlt, Hamburg, erw. Neuausg. 1998

Oberdieck, Hartmut/Steiner, Claude/Michel, Gabriele: *Die Kunst, sich miteinander wohl zu fühlen. Emotionale Kompetenz in Familie und Partnerschaft.* Herder, Freiburg 2004

Radetzky, Regina: *Zum Merkmal der Kränkung im Zivilrecht.* In: Haselbeck, Helmut u.a.: *Kränkung, Angst und Kreativität.* Integrative Psychiatrie, Innsbruck 1996

Ranke-Graves, Robert, von: *Griechische Mythologie. Quellen und Deutung.* Rowohlt, Hamburg, 18. Aufl. 1984

Rosenberg, Marshall B.: *Gewaltfreie Kommunikation. Eine Sprache des Lebens.* Junfermann, Paderborn, 9. Aufl. 2007

Singer, Kurt: *Kränkung und Kranksein. Psychosomatik als Weg zur Selbstwahrnehmung.* Piper, München, 3. Aufl. 2000

Thich Nhat Hanh: *Ein Lotus erblüht im Herzen. Die Kunst des achtsamen Lebens.* Goldmann, München 1995

Wardetzki, Bärbel: *Weiblicher Narzissmus. Der Hunger nach Anerkennung.* Kösel, München, 23. Aufl. 2011

Wardetzki, Bärbel: *Ohrfeige für die Seele. Wie wir mit Kränkung und Zurückweisung besser umgehen können.* Kösel, München, 9. Aufl. 2007

Wardetzki, Bärbel: *Mich kränkt so schnell keiner! Wie wir lernen, nicht alles persönlich zu nehmen.* dtv, München 2005

Wardetzki, Bärbel: *Kränkung am Arbeitsplatz. Strategien gegen Missachtung, Gerede und Mobbing.* dtv, München 2012

Weakland, John H.: *»Double-Bind«-Hypothese und Dreier-Beziehung.* In: Bateson et al.: *Schizophrenie und Familie.* Suhrkamp, Frankfurt 1974, S. 221–222